知らないと損　分かれば安心

相続税の申告 80のギモン

税理士法人チェスター

幻冬舎MC

知らないと損、分かれば安心

相続税の申告
80のギモン

はじめに

「まあ、相続するときになってから考えればいいんじゃない？」
「いつも頼んでいる税理士さんがいるから大丈夫」

　相続税について、このように考えている人は多いのではないでしょうか。

　確かに、相続ということ自体、一生の間にそう何回もあることではありません。以前は、相続税を納めなければならない人も、それほどいませんでした。

　しかし、いまや状況は様変わりしています。

　特に2015年（平成27年）、相続税の計算において相続財産の評価額から差し引かれる「基礎控除額」が、それまでと比べて4割も引き下げられました。基礎控除額が引き下げられたということは、それだけ相続税を納めなければならない人が多くなったということです。

　実際、都市部であれば、戸建ての自宅ぐらいしか相続財産がないというご家族でも、相続税を納めなければならないケースが出てきたのです。

　例えば東京都では現在、相続が発生したうちの16.7％、つまり6件に1件は相続税の申告を行うようになっています。

　相続税は「申告納税制度」という仕組みを採用しています。

相続が発生すると、遺族の皆さんが自分たちで誰が相続人になるのかを確認し、自分たちで相続財産の範囲や評価額を調べ、自分たちで申告書を作成し、相続から10カ月以内に税務署に申告しなければなりません。

どんな相続財産があるかを確認するくらいはともかく、その評価額を調べ、どのような特例を適用できるかを確認し、自分たちで申告書を作成したりすることはまず無理です。

そこで実際には、税理士に手続きを任せるケースがほとんどでしょう。税理士は税の専門家であり、相続税についても頼りにしたいと考えるのはごく普通のことです。

ところが、ここにも問題があります。税理士にはそれぞれ得意とする分野、苦手とする分野があり、特に「資産税」と呼ばれる相続税や贈与税については、ほとんど扱ったことがないという税理士も少なくありません。

相続税の手続きを税理士に頼むのであれば、相続税に詳しい税理士を選ばなければなりません。

私たちがいつもアドバイスしているのは、「そろそろ相続が発生するかもしれない」と感じているなら、相続税とその申告手続きについて、大筋の流れだけでも事前に把握してお

いたほうがよいということです。

　そうすれば、いざというとき、慌てることが少なくなり、相続税に強い税理士を選ぶこともスムーズにできます。

　また、相続に向き合うことになったとしても、税理士に"丸投げ"するのではなく、自分たちにとって関係のありそうなポイントを確認したり、疑問に思うところは遠慮なく質問したりしながら、税理士を上手に使いこなすことができるでしょう。

　本書では、相続税についてトップクラスの実績を有する税理士法人の経験とノウハウをもとに、相続税の申告手続きに関して知っておきたい項目を分かりやすく整理しました。

　各項目は、冒頭にＱ＆Ａ形式でテーマを示し、その後、ポイントの解説と関連する図表を載せています。パラパラとめくってみて、関心のあるところから目を通してみてください。

　また、解説中には、関連するテーマの参照ページも入れてあるので、"芋づる式"に知識を深めていただくのもよいでしょう。さらに、巻末には重要な用語の索引を付けてあります。いざ相続に直面したときなどに活用してください。

相続税はもはや多くの人にとって、身近な税金になっています。本書が相続税の申告手続きをスムーズに進めるにあたって、少しでもお役に立てば幸いです。

令和３年３月

税理士法人チェスター
税理士・公認会計士・代表社員
福留正明　荒巻善宏

目次

第4章
──相続人や引き継ぐ財産によって計算が変わる相続税の「制度」

第5章
──節税のためには生前贈与を上手に活用すべき？　贈与税の「制度」

第6章
──相続発生後からでもできる節税・調査対応とは?

第7章
──頼れる税理士の見分け方

第1章

これだけは
押さえておきたい
"相続"と"相続税"
の基本

1. 相続税は、資産家や富裕層の税金ではなかったの？

基礎控除額が4割引き下げられたことによって、相続税の申告割合が大きく増えました。高齢化が進む日本ではもはや、誰にとっても身近な税金です。

●これから日本が迎える「大相続時代」

高齢化が進む日本では、2019年（令和元年）に138万1098人が亡くなり、戦後最多を更新しました（ちなみに出生数は86万5234人で過去最少）。

国立社会保障・人口問題研究所の推計では、死亡数は2039年に167万人でピークを迎えますが、その後もしばらく150万人前後の水準が続きます。

人が亡くなると必ず起こるのが「相続」です。日本ではこ

図表1　死亡数と死亡率の推移と将来推計

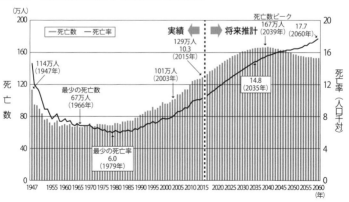

※平成28年版厚生労働白書（将来推計は国立社会保障・人口問題研究所の予測）

れから20年以上にわたり、毎年140万件から最大170万件近い相続が発生する見込みで、まさに「大相続時代」を迎えようとしているといっても過言ではないでしょう。

●基礎控除の引き下げで相続税の申告が急増

民法で定められた相続人は、相続開始のときから、亡くなった人（被相続人）の財産に関するいっさいの権利義務を承継します。

また、被相続人から相続財産を受け継いだ人は、相続財産の課税価格の合計額（遺産総額）が基礎控除額を超える場合、相続税の申告や納税を行う必要があります。

もともと相続税は1905年（明治38年）に導入され、戦後の大幅な改正を経て、現在に至っています。「富の再分配」等を目的としており、かつては資産家や富裕層にしか関係ないものというイメージがありました。

しかし、2015年（平成27年）に基礎控除額が4割引き下げられ、相続税の申告を行うケースが大幅に増えたのです。

死亡数に対する相続税の申告書を提出した被相続人（死亡者）の割合は、基礎控除額の引き下げ前には4％程度だったものが、8％台に跳ね上がりました。

地価が高い東京国税局の管轄地域に限れば、以前の7％台が13％を超えるようになり、さらに東京都に限れば課税割合は16.7％、つまり亡くなった6人に1人の割合で相続税の申告書を提出していることになります。

相続税は誰にとっても身近な税金となっています。

2. 相続には、いろいろ"落とし穴"があるというのはどういうこと？

相続は一生の間にそう何回もあることではないため、相続財産の分け方や相続税の申告手続きなどで"落とし穴"にひっかかりやすいといえます。

●相続を何度も経験する人は少ない

相続は、人が亡くなると必ず起こる民法上の手続きです。ただ、相続の当事者になるのは主に、配偶者や親が亡くなったときであり、一生の間にそう何回もあることではありません。

そのため、相続についてはほとんどの人が経験したことがなく、何をどうすればいいのか、戸惑うことが多いはずです。

相続には、相続税の申告を含めて独自の手続きと注意点があり、さまざまな"落とし穴"が待ち受けているのです。

●相続財産の分割で揉めるケースが増加中

例えば、相続で問題になりやすいのが、相続財産（遺産）をどう分けるかです。

相続財産（遺産）をどう分けるかは、亡くなった人（被相続人）の遺言がなければ、相続人どうしで話し合うのが基本です。

しかし、相続人どうしでの話し合いがうまくいかない場合、家庭裁判所に調停の申し立てを行います。そうなると、いわゆる相続人どうしが争う"争族"の状態です。

調停は裁判のように勝ち負けを決めるのではなく、話し合いによりお互いが合意することで紛争の解決を図るための手続きです。調停では、一般市民から選ばれた調停委員が裁判官とともに仲立ちをします。

　データで見ると、年々家庭裁判所にもち込まれる遺産分割についての調停の件数は増えています。しかも、遺産総額の約8割が5000万円以下と、大きな"落とし穴"となっています。

　調停で合意できなければ、さらに審判に移ります。審判は裁判官の判断を求める裁判の一種ですが、費用も時間もかかります。相続人をはじめ、親族関係には大きな影響が及ぶでしょう。

図表2　家庭裁判所における遺産分割調停等の新受件数の推移

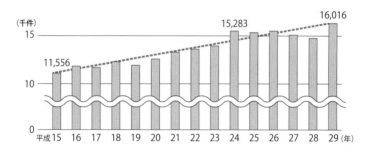

出典：最高裁判所「司法統計年報家事事件編（平成30年度）」

●相続税の申告は相続開始から10カ月以内が原則

　相続を巡るもう一つの大きな"落とし穴"は、相続税です。

　相続税は相続の開始があったことを知った日（通常は被相続人の死亡の日）の翌日から10カ月目の日までに、相続人が自分たちで遺産を調べ、分割協議を行い、それぞれの税額を計算し、申告書を作成したうえで、被相続人が亡くなったときの住所地を所轄する税務署に申告しなければなりません。

　しかし、相続の発生直後は葬儀などで慌ただしく、ゆっくり遺産の確認や分割協議を行えるのは満中陰志（四十九日）が過ぎてからでしょう。

　10カ月というのは意外にあっという間に過ぎてしまいますし、しかも申告手続きにはいろいろ注意点があります。

　例えば、相続人を確定するには、亡くなった人（被相続人）の出生から死亡日までの連続した戸籍をすべて集めなければなりません。前妻との間に子どもがいたり、過去に認知や養子縁組をしていたりしたら、その人も相続人となります。相続人がすでに亡くなっていても、代襲相続によってその子や孫が相続人となることもあります。

　財産である不動産の登記事項や預貯金・有価証券の残高などの確認も必要となります。

　あるいは、相続人が相続するのはプラスの財産だけでなく、借金などマイナスの財産もあります。マイナスの財産が多い場合は、相続の「放棄」や「限定承認」という手続きをとったほうがよいのですが、相続の放棄や限定承認は、相続開始から3カ月以内に家庭裁判所に申し立てることが必要です。

この期間内に手続きをしないと、プラス・マイナスともに相続する「単純承認」となってしまいます。

　さらに、相続税の申告が必要なのに、相続開始から10カ月以内に行わないと、場合によっては追徴課税のほか加算税や延滞税などのペナルティが発生します。

　相続税の申告期限までに遺産分割ができていなければ、「配偶者の税額軽減」「小規模宅地等の特例」といった軽減措置の適用も受けられず、本来なら相続税額がゼロになるはずなのに、納税しなければならないケースも起こり得るのです。

●相続税について詳しい税理士は意外に少ない

　相続税に関するもう一つの"落とし穴"が税理士です。

　多くの人は税金については素人であり、そこで税金の専門家である税理士に依頼して、代わりに遺産の評価額を算出したり、申告書を作成したりしてもらうことが普通でしょう。

　ところが、税理士にもそれぞれ得意分野があり、相続税について詳しい税理士は意外に少ないのです。あまり相続税の申告を扱ったことのない税理士に頼むと、適用できる特例が分からず相続税を納め過ぎたり（余分に払っても税務署は基本的に指摘しません）、見落としがあって後から税務調査を受けてペナルティを課せられたりすること（申告漏れには税務署は厳しいです）が珍しくありません。

　このように、相続税の申告手続きにはいくつもの"落とし穴"があるので、よく注意していただきたいと思います。

3. いざというとき、慌てないためにはどうすればいいの？

早いうちから、「分割対策」「納税対策」「節税対策」をバランス良く組み合わせて準備を行いましょう。

●分割対策、納税対策、節税対策をバランス良く

これから日本は「大相続時代」を迎えます。

それに伴い、相続財産（遺産）の分割や相続税の申告などを巡ってさまざまな"落とし穴"にひっかかるケースも増えてくるでしょう。資産家や富裕層の間ではこれまでも、相続税の負担をどう減らすかという相続税対策がブームになっていましたが、偏ったやり方で逆に税務調査を受けたり、相続財産を減らしたりするトラブルも起こっています。

いざというとき、慌てないためにはやはり、正しい知識に

図表3　相続対策はバランスが大事

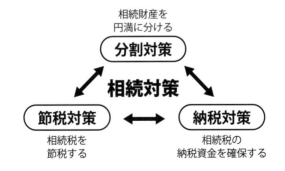

よる事前の準備が大切です。具体的には、相続財産（遺産）の分け方について遺言を活用したりする「分割対策」、相続税がかかる場合の納税資金を確保する「納税対策」、そして生前贈与などを利用して相続税の負担を減らす「節税対策」をバランス良く組み合わせましょう。

●相続税の申告手続きの流れを理解しておく

　相続税についていえば、これからの時代、資産家や富裕層だけが気にするものではなく、誰にとっても身近な税金だということをよく認識すべきでしょう。

　そのうえで、健康であっても自分がある程度の年齢になったり、あるいは自分の親がそれなりの年齢になったら、いざというとき相続税がかかりそうかどうか、資産内容と大まかな評価額を確認しておくべきだと思います。

　さらに、相続税についての申告手続きについて理解しておくこともお勧めします。

4. 民法が定める「相続」の基本ルールとは？

配偶者は必ず相続人になり、他の相続人は親族の顔ぶれによって異なります。また、相続人の顔ぶれにより法定相続分が決まっています。

●残された親族の顔ぶれによって相続人は異なる

相続では亡くなった人を「被相続人」、その財産上の地位を引き継ぐ人を「相続人」や「受遺者」といいます。誰が相続人になるか、その範囲と順位について民法では次のように定めています。

図表4 「相続人」の範囲と順位

(1) 被相続人の配偶者	婚姻の届出をした夫また妻に限り、内縁関係にある人や離婚した人は含まれない
(2) 子、父母、兄弟姉妹	①被相続人の子 　子が被相続人の相続開始以前に死亡しているときや相続権を失っているときは、孫（直系卑属）が相続人となり、これを「代襲相続」という ②被相続人に子や孫（直系卑属）がいないときは、被相続人の父母 　父母が被相続人の相続開始以前に死亡しているときや相続権を失っているときは、祖父母（直系尊属）が相続人となる ③被相続人に子や孫（直系卑属）も父母や祖父母（直系尊属）もいないときは、被相続人の兄弟姉妹 　兄弟姉妹が被相続人の相続開始以前に死亡しているときや相続権を失っているときは、おい、めい（兄弟姉妹の子）が代襲相続で相続人となる ※ただし、相続を放棄した人や相続権を失った人は初めから相続人でなかったものとされる

このように、相続人（法定相続人）の顔ぶれはケースによって異なります。配偶者は存命であれば必ず相続人になりますが、子、直系尊属、兄弟姉妹はこの順で、先順位の相続人がいないときに限り、相続人となるのです。

図表5　相続人の範囲

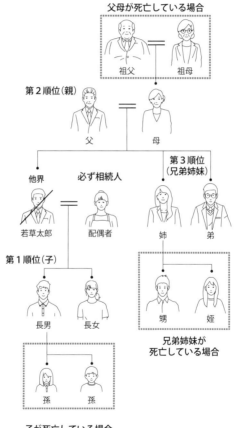

父母が死亡している場合

第2順位（親）

祖父　　祖母

父　　母

他界　　　必ず相続人

第3順位（兄弟姉妹）

若草太郎　　配偶者

姉　　弟

第1順位（子）

長男　　長女

甥　　姪

兄弟姉妹が
死亡している場合

孫　　孫

子が死亡している場合

なお、被相続人の子は、配偶者との間の子はもちろん、配偶者以外との間の子（法律上の推定や認知が必要）も相続人となり、相続分は同じです。

　以前の民法では、嫡出でない子の相続分は嫡出子の2分の1とされていましたが、2013年の最高裁判決で違憲とされ、その後、民法も改正されました。

　また、被相続人の子が亡くなっていても、その子（被相続人から見れば孫）がいれば、「代襲相続」といって孫が相続人になります。孫も亡くなっていて、その子（被相続人から見ればひ孫）がいれば、「再代襲相続」で相続人となります。

●相続人の顔ぶれによって法定相続分も異なる

　相続は被相続人の死亡によって開始し、相続人は相続開始のときから被相続人の財産に関するいっさいの権利義務を承継します。ただし、扶養を請求する権利や文化功労者年金を受ける権利など被相続人の一身に専属していたものは承継されません。

　民法では、さらに相続人の顔ぶれによって相続分（法定相続分）を定めています。

　具体的には、配偶者と子が相続人の場合は2分の1ずつ、配偶者と親の組み合わせなら配偶者が3分の2、親が3分の1です。配偶者と兄弟姉妹の組み合わせなら、配偶者が4分の3、兄弟姉妹が4分の1となります。

　なお、相続人が配偶者のみ、子のみ、親のみ、兄弟姉妹のみの場合は、相続分は1分の1です。また、それぞれ子が複数、親が複数、兄弟姉妹が複数いる場合は均等に按分します。

図表6　法定相続分の例　※子、親、兄弟姉妹が複数いる場合は表中の法定相続分を人数で按分

相続人の ケース	配偶者 （必ず相続人）	子 （第1順位）	親 （第2順位）	兄弟姉妹 （第3順位）
①**配偶者・子**	1／2	1／2	—	—
②**配偶者・親**	2／3	—	1／3	—
③**配偶者・兄弟 　姉妹**	3／4	—	—	1／4
配偶者のみ	1	—	—	—
子のみ	—	1	—	—
親のみ	—	—	1	—
兄弟姉妹のみ	—	—	—	1

①配偶者と子（第1順位）が相続

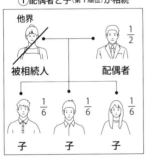

②配偶者と父母（第2順位）が相続

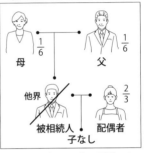

③配偶者と兄弟姉妹（第3順位）が相続

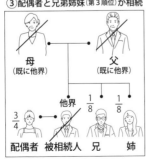

子の1人が既に死亡し、孫がいる

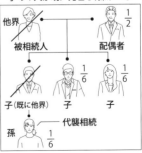

25

●実際の分け方は遺言や相続人の話し合いによる

一般的に「相続」による遺産の承継にあたっては、「法定相続分」で分けるイメージがありますし、そのように分けるケースも多いでしょう。また、金銭債権などの可分債権については、相続と同時に法定相続分によって各相続人に帰属します。

しかし、実際には法定相続分どおりに分けなければならないわけではありませんし、そうならないケースも少なくありません。

例えば、被相続人が有効な遺言を残していた場合、相続人以外（血縁関係のないアカの他人や法人など）でも遺産を受け取ることができます。これを「遺贈」といい、遺言によって遺産を受け取る人を「受遺者」と呼びます。

また、生前に被相続人との間で、被相続人の死亡を条件とする贈与契約が結ばれていれば「死因贈与」となり、贈与の相手方（受贈者）が遺産を受け取ることも可能です。

相続財産はもともと亡くなった人（被相続人）のものであり、被相続人の意思を尊重しようというわけです。ただし、遺言や死因贈与契約があったとしても、相続人には「遺留分」として最低限度の相続分が認められています。

以上をまとめると、相続財産の分け方としては次の4つのパターンがあります。このほか、被相続人の財産の維持・増加に特別の貢献をした相続人については「寄与分」[Q18.53頁参照]、同じく被相続人の財産の維持・増加に特別の貢献をした親族（相続人以外）には「特別寄与分」[Q18.53頁参

照〕が、相続財産の分け方において考慮されるケースもあります。

図表7　相続財産の分け方

法定相続分による分割	民法で決められた相続人が、民法の定め（法定相続分）に従って分ける。 ※遺産に含まれる金銭債権（可分債権）の帰属や、遺産分割についての調停や審判の基準にもなる
遺言等による分割	被相続人が遺言を残していたり、死因贈与契約を結んでいたりした場合、その指示内容（もらう人、もらう割合等）に従って分ける。 ※ただし、法定相続人には最低限の取り分として、「遺留分」が認められている
相続人の協議による分割	相続人が全員で協議し、遺産の分け方等を決める。 ※全員が合意すれば、法定相続分や遺言の指定どおりでなくてもよい
調停や審判による分割	遺産分割協議がまとまらなかったりした場合、家庭裁判所に調停を申し立て、それでもまとまらないときは審判によって分ける。

5. 相続ではまず、遺言書があるかどうか調べることがなぜ必要なのか？

民法の定める方式に従った有効な遺言があれば、基本的に遺言の記載どおりに相続財産は分割されます。

●有効な遺産があるかどうかで分け方が変わる

相続が発生すると、亡くなった人（被相続人）の財産（相続財産）は相続人に引き継がれます。問題は、どのように分けるかということです。

そこで重要なのが、遺言の有無です。一般的には「ゆいごん」といいますが、法律用語としては「いごん」と読みます。

遺言は、被相続人が生前所有していた遺産を誰がどのように引き継ぐかについての、被相続人の最終的な意思表示とされます。

遺言にはいくつか種類がありますが［Q6.30頁参照］、いずれについても民法に定める方式に従わなければならず、民法の定める方式を満たさない遺言は無効です。

民法の定める方式に従った有効な遺言があれば、遺言者が亡くなったときからその効力が生じます。

つまり、遺言に記載されたとおりに相続財産は分割され、相続人などに承継されます。

もし、遺言書があるかどうかを調べず、法定相続人の間で分け方を決めても、あとで遺言書が出てくるとやり直しになるので注意が必要です。

●遺言がなければいったん相続人の共有に

一方、遺言がなかったり、遺言（のようなもの）があっても民法に定める方式を満たしていなかったりした場合、相続財産は基本的に、相続人全員の共有となります。被相続人が所有していた自宅の土地建物などの不動産も、相続後にはいったん共有状態になります。

そして、相続財産をどのように分けるのかは、相続人どうしの話し合いで決めることになります。

図表8　遺言と相続財産の分け方の関係

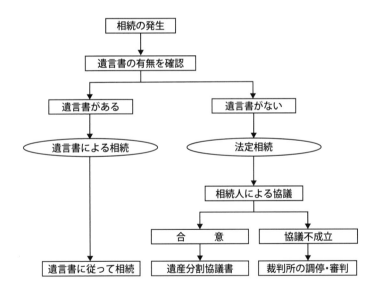

6. 遺言書を作成する人が増えているのはホント？

遺言としては主に「自筆証書遺言」と「公正証書遺言」があり、いずれも件数が年々増えています。

●「自筆証書遺言」と「公正証書遺言」が一般的

　民法で定められた遺言の方式には次のような種類があります。一般的には「普通方式」のうちの「自筆証書遺言」と「公正証書遺言」の2つがよく利用されます。

図表9　民法で定められた遺言の種類

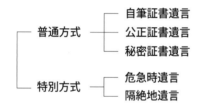

「**自筆証書遺言**」は、遺言者が遺言書の内容をすべて一人で書くものです。「公正証書遺言」と違って証人が不要で費用もかからず、手軽に作成できる点が特徴です。

　ただ、「自筆証書遺言」は、遺言書が発見されないままになったり、一部の相続人が偽造、改ざんしたりする恐れがあります。

　また、「自筆証書遺言」は基本的に、遺言者の死後、家庭

裁判所の「検認」が必要とされます。「検認」とは、家庭裁判所に遺言状を持っていき、遺言書の偽造、変造を防止するために、遺言書の記載を確認する手続きのことです。

　なお、自筆証書遺言の方式は、2019年（平成31年）1月13日から一部緩和され、2020年（令和2年）7月10日からは法務局における保管制度も始まっています。［Q7.33頁参照］

　もう一つの「**公正証書遺言**」は、公証役場で公正証書の形で作成するものです。2人以上の証人の立ち会いが必要で、遺言者が述べる内容を公証人が法的な観点でチェックしながら文書にまとめ、さらに原本は公証役場で保管されます。「公正証書遺言」は、公証役場の「遺言検索システム」を使って、遺言の存在を確認することができるようになっています。

●遺言書は年々、増える傾向に

　以前は「遺言書を作るなんて縁起でもない」といった風潮が強かったようですが、相続を巡るさまざまな“落とし穴”やトラブルのことが知られるようになり、社会全体の雰囲気も変わってきているようです。

　例えば、「公正証書遺言」は1995年（平成7年）に約4万6000件だったものが、2019年（令和元年）には約11万3000件と増えています。

　また、「自筆証書遺言」の作成件数そのものではありませんが、相続が発生した際に必要とされる家庭裁判所の検認に

ついては、1995年（平成7年）に約8000件だったものが、2019年（令和元年）には約1万8000件になっています。

遺言書の作成は、自筆証書遺言の保管制度の創設などにより、今後さらに増加していくでしょう。[Q7.33頁参照]

図表10 「公正証書遺言」の作成件数と「自筆証書遺言」の検認件数の推移

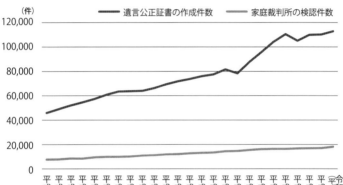

※公正証書遺言の作成件数は、日本公証人連合会の公表データに基づく。家庭裁判所の検認件数は、最高裁判所の司法統計に基づく

7. 自筆の遺言書を法務局で預かってくれるように なったというのはホント？

民法改正によって2020年7月から、「自筆証書遺言」について、法務局で保管する新しい制度がスタートしています。

●費用は一件につき3900円

これまで「自筆証書遺言」は、遺言者が自分で保管するのが原則でした。しかし、発見されなかったり、偽造等のリスクもあったりして、利用しにくい面がありました。

そこで、民法改正に伴い2020年（令和2年）7月10日から、法務局が「自筆証書遺言」を預かって保管してくれる新しい制度がスタートしました。

具体的には、遺言者が自分で作成した「自筆証書遺言」を法務局に持っていって、保管を申請します。法務局では、法律上の要件を形式的に満たしているかを確認し（形式以外は確認されない点には注意）、原本を保管したうえで画像データとして記録します。費用は一件につき3900円です。

この制度を利用すれば、「自筆証書遺言」についても、遺言者が亡くなったあと、相続人は誰でも、全国どこの法務局からでも、遺言書の有無の確認と画像データの確認ができます。

また、複数いる相続人のうち一人が遺言書の原本の閲覧や画像データの確認の申請を行うと、法務局から他のすべての相続人に対して遺言書を保管していることが通知されます。

法務局で保管した自筆証書遺言については検認手続きも不要です。

8. 自筆の遺言書は、パソコンでも作成できるの？

以前は全部、自筆で書くことが必要でしたが、財産目録についてはパソコン作成などが認められるようになっています。

●パソコン作成のほか預金通帳などのコピー添付もOK

「自筆証書遺言」については、民法改正に伴い作成要件の一部も緩和されました。

従来、「自筆証書遺言」は全文を自筆で書くことが条件で、書き間違えたり財産の内容に変更があった場合、訂正したり最初から書き直したりする必要がありました。

特に、相続財産が多いと、そのすべてを正確に自筆するのは大変な作業でした。また、遺言書を書いたあとで財産の内容に変更があった場合、その都度訂正したり、全部書き直したりすることにも手間がかかりました。

それが2019年1月13日からは、遺言書のうち財産目録については、パソコンで作成することができるようになりました。この財産目録は遺言者以外の人が作成したものでも構いません。あるいは、不動産の登記事項証明書や預貯金通帳のコピーを財産目録として添付することも認められるようになっています。

ただし、遺言書本文は、これまでと同様、自筆で記載する必要があります。

●財産目録は遺言書本文とは別の用紙に

なお、財産目録は「添付」するものなので、遺言書本文と財産目録は必ず別の用紙に作成する必要があります。

例えば、財産目録をパソコンで作成して、その用紙の余白に自筆で本文を記載したような場合、財産目録を添付したことにはなりません。

また、財産目録のすべてのページに遺言者が署名・押印しなければなりません。押印については、実印の必要も遺言書本文で使用した印鑑と同じである必要もありませんが、偽造の疑いをもたれないようにするため、同じ印鑑にしておくのが望ましいとされています。

その他、遺言書本文や他の財産目録などをつづるときの契印は必要とされていませんが、遺言書本文と財産目録などの一体性を確保するため契印をしたり、同一の封筒に封緘したり、遺言書全体をつづったりするのが望ましいとされています。

図表11　自筆証書遺言（本文）と財産目録は別の用紙に作成

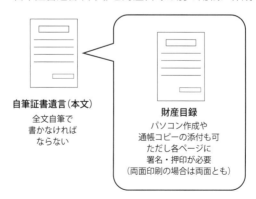

自筆証書遺言（本文）
全文自筆で
書かなければ
ならない

財産目録
パソコン作成や
通帳コピーの添付も可
ただし各ページに
署名・押印が必要
（両面印刷の場合は両面とも）

9. 遺言があったとしても別の分け方はできる？

有効な遺言があればその記載が優先しますが、相続人全員の合意があれば別の分け方も可能です。

●相続人全員の合意があれば別の分け方も可能

　有効な遺言がある場合には原則として、遺言の内容に従って、どの相続財産を、誰が、どのような割合で引き継ぐかが決まります。

　ただ、民法において、「遺言」でできることは、次の3つとされています。

　① 遺産の分割の方法を定めること

　② 遺産の分割の方法を定めることを第三者に委託すること

　③ 5年を超えない期間を定めて、遺産の分割を禁止すること

　民法では上記のうち③を除いて、「遺産分割協議」によって遺産の分割ができる、ともしています。

「遺産分割協議」とは、相続人全員の話し合いによる合意です。つまり、①と②については、「遺言」より「遺産分割協議」のほうが優先することになります。

　すなわち、相続人全員が遺言の存在を知り、その内容を正確に理解したうえで、遺言の内容と異なる遺産分割協議書を作成すれば、その内容に沿って相続財産を分けることができるのです。逆にいうと、相続人のなかに一人でも同意しない人がいれば、「遺産分割協議」は成立しないので、遺言どおりに相続を行わなければならないということになります。

10. 相続人の話し合いが重要なのはなぜ？

有効な遺言がない場合には、相続人全員の話し合いによる合意で相続財産を分ける必要があります。相続人どうしが揉めて良いことは何もありません。

●相続人どうしが揉めて良いことは何もない

遺言がない場合、遺産をどう分けるかは相続人が話し合って決めるのが基本です。これが「遺産分割協議」です。

「遺産分割協議」は、必ず相続人全員が同意しなければなりません。相続人が一人でも反対していれば成立しません。あるいは、相続が起こったときには分からなかった相続人の存在があとで判明したような場合、それ以前に行った「遺産分割協議」は無効となり、やり直す必要があります。

「遺産分割協議」が成立しないということは、相続財産（遺産）の分割が行えないということです。その場合、相続財産は相続人全員の共有となり、さまざまな不都合が生じます。

第一に、相続税の申告にあたっては、遺産分割協議書の写しを資料として添付することが必要なため、便宜的に法定相続分で分けたことにしていったん申告を行い、「遺産分割協議」後に申告し直す必要があります。

第二に、遺産が分割されていないと、相続税の負担を大幅に軽減することができる「配偶者の税額軽減」や「小規模宅地等の特例」などの特例が受けられません。こうした特例は、一定の条件に当てはまる人が遺産を相続で取得したことを証

明する必要があるからです。

　第三に、相続税を支払うため、遺産に含まれる株式や不動産などを売却しようとしても、共有となった遺産を売却するには、相続人全員の合意が必要となり困難を極めます。

　第四に、「遺産分割協議」がまとまらない場合は家庭裁判所に「調停」を申し立て、それでも合意できなければ、「審判」に移ります。しかし、時間がかかればかかるほど相続人どうしの関係は悪化し、裁判費用などもかかります。

　こうしたことから、相続においては、相続人の話し合いが何よりも重要であり、「遺産分割協議」は、非常に重要な手続きとなります。

● **未成年者が相続人の場合、法定代理人の選定が必要**

　もし、相続人に未成年者がいる場合は、法定代理人を選んで「遺産分割協議」を行わなければなりません。

　通常、未成年者の法定代理人には親がなりますが、相続の場合は違います。

　例えば、父親が亡くなり母親と未成年の子が相続人になる場合などは、利益相反を避けるため、親は未成年の子の法定相続人になることはできず、家庭裁判所において特別代理人を選任してもらう必要があります。特別代理人は親族が任命されることが多いです。

11. 遺産分割協議書は、なぜ作ったほうがいいの？

> 「遺産分割協議」は文書がなくても成立しますが、さまざまな手続きに使うためや、言った言わないのトラブルを避けるため、作っておくべきです。

●各種手続きで「遺産分割協議書」の提出が必要に

「遺産分割協議」は、相続人が全員、同意すれば、特に文書にまとめるなどしなくても法的には成立します。

　実際には「遺産分割協議書」として文書にまとめるのが一般的で、各種手続きの点からも作成することを強くお勧めします。代表例が、不動産の相続登記です。

　なお、被相続人の預金口座からの引き出しについては、金融機関が指定する用紙に相続人全員が記入すれば、遺産分割協議書がなくても手続きができます。しかし、遺産分割協議書（写し）を金融機関に提示すれば簡単に手続きできます。

　また、相続税の申告をするにあたり、例えば、「配偶者の税額軽減」や「小規模宅地等の特例」などを利用する場合は遺産分割協議書（写し）の提出が必要とされます。

　そもそも、文書がないとあとから「言った、言わない」ということになりかねません。相続人どうしのトラブルを防ぐためにも、遺産分割協議書は必要です。

　ただし、相続人が一人だけの場合、遺言書のとおりに遺産分割する場合、遺産が現金・預金だけの場合などは、遺産分割協議書がなくても問題はないとされています。

12. 遺産の分け方には、どんな方法があるの？

「現物分割」「代償分割」「換価分割」「共有分割」の4つがあり、相続財産の種類によって向き、不向きがあります。

●財産内容や相続人の資力、トラブルリスクなどを考慮

遺産の分割は基本的に相続人の話し合いで自由に分け方を決めることができますが、その方法には次の4つがあります。

図表12　遺産分割の方法

現物分割	相続財産をそのまま分割する方法。現金をはじめ、広い土地を分筆したり、1棟のマンションにある複数の住戸を別々に登記するといったケースも考えられる。 ただし、評価額や時価換算で争いにもなる。
代償分割	そのままでは分割しにくいような相続財産について、一部の相続人がその相続財産を受け継ぐ代わり、他の相続人には金銭（代償金）を支給するという分け方。 ただし、相続財産を引き継ぐ相続人に代償金を支払うだけの資力が必要で、不足分の借入が必要となることも。
換価分割	相続財産を売却し、その代金を分ける方法。 ある意味、合理的な分け方だが、相続財産に対する相続人の思いや気持ちが絡むと難しいことも。
共有分割	相続財産の一部または全部を複数の相続人が共同で所有する方法。 有効な遺言がなく相続が発生すると、相続財産はいったん、法定相続分に応じた持分割合で相続人の共有になる。そのまま共有にしておくケースのほか、遺産分割協議によって共有持分を変更することも考えられる。 ただし、共有になった相続財産の処分（売却など）は共有者全員の合意が必要となる。相続が続くと共有者が増え、相続財産の取り扱いが難しくなる。

13. 亡くなった人の銀行預金は、相続人がそれぞれ引き出せる？

銀行預金は遺産分割の対象となり、各相続人が単独で引き出せる額には制限があります。

●「可分債権」は本来、遺産分割の対象外

相続人どうしによる「遺産分割協議」で注意すべきなのは、相続財産のうちの「可分債権」の扱いです。

可分債権とは、文字どおり分けることのできる債権のことで、代表的なのが他人に貸したお金（金銭債権）です。

最高裁判所判例では、金銭債権などの可分債権は、相続開始によって各相続人に、その法定相続分に応じて承継されます。つまり、金銭債権（金融機関に対するものを除く）は遺産分割の対象にはならないのです。

なお、タンス預金などの"現金"は債権ではなく、モノです。現金は物理的には簡単に分けることができますが、債権ではないのでいったん相続人の共有となり、その後、遺産分割協議を経なければ分けることはできないので注意が必要です。

●銀行預金は可分債権だが例外的な扱い

可分債権に関連して、さらに注意すべきポイントがあります。それは、銀行預金の扱いです。

銀行預金は金融機関に対する金銭債権（預金払戻請求権）であり、上記の理屈では相続の発生とともに、各相続人に法定相続分に応じて帰属するように思われます。

もし、そうだとすれば、相続人はそれぞれ自分の法定相続分だけ、金融機関に対して預金の払い戻しを請求できることになります。

　実際、以前はそのように解されていました。金融機関が事務手続き上、二重払いなどのリスクを避けるため、遺産分割協議書の提出を求めることはありましたが、窓口では柔軟な対応もされていました。

　しかし、2016年（平成28年）の最高裁判所判決によって、金融機関に対する金銭債権（預金払戻請求権）については例外的に、「遺産分割の対象である」ということになりました。つまり、相続人は遺産分割協議で合意しなければ、被相続人の預金の払い戻しができなくなったのです。

　これが現場での混乱を招いたことなどもあり、その後、民法改正によって2019年（令和元年）7月からは、遺産分割協議の前であっても、相続人はそれぞれ預金払戻請求権のうち相続開始のときの債権額の3分の1に自分の法定相続分を掛けた額（最高150万円）については、単独で払い戻しが請求できることになりました。

図表13　相続における現金、預貯金、金銭債権の扱い

現金	モノであり、いったん相続人の共有となり、遺産分割協議によって分ける。
預貯金	金銭債権ではあるが、遺産分割協議の対象。 ※ただし、預金口座ごとの残高の3分の1×法定相続分（同一金融機関で最高150万円）までは、各相続人が単独で払い戻し請求できる
金銭債権（株式・投資信託など）	相続の発生と同時に、各相続人が法定相続分で承継する。

14. 不動産の名義変更は、いつ、どうやってするの？

遺産分割協議がまとまれば早めに、協議書の写しを法務局に提出し、相続による名義変更を行います。

●登記によって第三者への権利主張が可能に

遺言や遺産分割協議によって特定の不動産を相続した人は、遺言書や遺産分割協議書の写しを添えて、法務局で名義変更（相続登記）の手続きを行います。

不動産は、登記を行うことによって初めて第三者に対しても自分の権利を主張できるようになるからで、自分の権利を守るために欠かせない手続きです。

また、相続登記をしないまま放置すると、さらに相続人が死亡して次の相続が開始したり、古い戸籍が廃棄処分されたりなどして、権利関係が複雑になり、必要書類が手に入らなくなるなどの不都合が生じることにもなりかねません。

●融資を受けアパートを建てている場合は要注意

相続税対策のために銀行からの融資でアパートなどを建て、土地に根抵当権が設定されている場合は注意が必要です。

根抵当権の債務者が死亡した場合、その死亡から6カ月以内に後継債務者（指定債務者）を定める合意の登記をしないときは、根抵当権の元本は相続開始のとき（債務者の死亡時）において確定したものとみなされます。

結果的に、新たな融資を受けることができなくなるなど、

銀行との取引上の大きなマイナスとなりかねません。

●2022年3月まで一定の場合、相続登記の登録免許税がゼロ

　相続による不動産の登記（相続登記）にあたっては、相続登記する物件の固定資産税評価額の0.4％に相当する額を登録免許税として支払います。

　なお、相続による土地の所有権移転登記については、登録免許税の免税措置が設けられています。

図表14　相続登記における登録免許税の減免措置

（1）相続により土地を取得した個人が登記をしないで死亡した場合の登録免許税の免税措置	相続により土地の所有権を取得（一次相続）した個人が、その相続（一次相続）によるその土地の所有権の移転登記を受ける前に死亡した場合（一次相続の登記未了のまま死亡）、2018年（平成30年）4月1日から2022年（令和4年）3月31日までの間に、その死亡した個人をその土地の所有権の登記名義人とするために受ける登記（一次相続に関する相続登記）については、登録免許税が課されない。 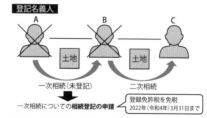
（2）少額の土地を相続により取得した場合の登録免許税の免税措置	個人が2022年（令和4年）3月31日までの間に、土地について相続による所有権の移転登記を受ける場合において、その土地が相続登記の促進を図る必要がある一定の土地であり、かつ、その土地の登録免許税の課税標準となる不動産の価額が10万円以下であるときは、その土地の相続による所有権の移転登記については、登録免許税を課さない。

15. 相続した不動産の登記が義務化される予定というのはホント？

現在、法務省の法制審議会で不動産登記法等の改正が議論されており、相続不動産の登記が義務化される方向です。

●所有者の分からない土地が全国的に増加

これまで、相続した不動産の登記は任意とされていました。しかし、相続した不動産のうち、土地については相続登記が義務化される見通しです。

その背景には、相続登記がされておらず、所有者が分からなくなる土地が全国的に増えていることがあります。

国土交通省が2016年度（平成28年度）に、約62万筆（558市区町村1130地区）の土地について所有者を調べたところ、登記簿から所有者が判明しなかった土地の割合は20.1％にのぼりました。そのうち3分の2は相続登記が行われていないもので、残りの3分の1は所有者の住所変更の未登記などによるものだったそうです。

また、法務省が2017年（平成29年）に全国10カ所の地区で約10万筆の土地を対象に、最後の登記からの経過年数を調査しました。その結果、大都市以外の地域では4分の1を超える土地が最後の登記から50年以上経過していることが分かったそうです。

所有者が分からない土地はほとんど、現地に管理者もいません。そのため、景観の悪化、近隣への損害、治安の悪化などさまざまな問題を引き起こしかねません。

また、公共工事などのため、地方自治体が所有者を探すにしても、最後の相続登記から時間が経つにつれて相続人は増えており、相続人の調査と連絡のため多額のコストがかかります。特に大規模災害の被災地では、所有者不明の土地が復興事業の妨げになっているケースもあるようです。

●登記しないと一定の過料も

　そこで、所有者不明の土地がこれ以上、増えないようにするため、相続登記が義務化される予定です。

　現在、相続登記の義務化に必要な法律の改正案が法制審議会で検討中であり、今後、国会で新しい不動産登記法などが成立したあと、運用が始まる見込みです。

　なお、義務化されたあとは、正当な理由がなくて登記しないと一定額の過料を科すという案が検討されているようです。

　また、やむを得ない理由で登記期限に間に合わないケースについて、登記所への報告的な申請として「相続人申告登記」（仮称）の新設も検討されているようです。

16. 相続人について、民法と相続税法で違いがあるのはどこ？

相続人かどうかは民法で決まりますが、相続税法では基礎控除額などの計算上、相続人としてカウントされる人数が異なります。

●相続税の計算上、「法定相続人の数」に入る養子には制限

　相続については、民法と税法（相続税法）で、人と財産の2つの点で違いがあることをご存じでしょうか。

　誰が相続人になるかについては、民法の規定によって決まります。例えば、民法では相続放棄した人などは最初から相続人ではなかったとみなされます。また、養子縁組した養子はすべて相続人となります。

　一方、税法では、相続放棄した人も基礎控除額等の計算上、法定相続人のなかに含まれます。また、養子縁組した養子については、実子がいる場合は1人、実子がいない場合は2人までしか基礎控除額等の計算上、法定相続人とはなりません。

　ただし、特別養子縁組により養子となった人、被相続人の配偶者の実子で被相続人の養子となった人などは上記の制限の対象にはなりません。

●相続税の計算には、法定相続人の数が影響

　相続税の計算において相続人の数が関係してきます。例えば、各相続人の課税価格の合計額から差し引く「基礎控除額」の計算は次のようになっています。［Q24.74頁参照］

基礎控除額 ＝ 3000万円＋（600万円×法定相続人の数）

　基礎控除額の計算において、実子がいる場合には養子は１人まで、実子がいない場合には養子は２人までしか「法定相続人の数」に含めません。

　なお、死亡退職金と死亡保険金の「非課税限度額」は次のようになっています。[Q49.124頁参照]

死亡退職金の非課税限度額 ＝ 500万円 × 法定相続人の数
死亡保険金の非課税限度額 ＝ 500万円 × 法定相続人の数

　また、相続税の総額の計算においても、相続放棄した者を含め、各相続人が法定相続分に応じて取得したものとして計算します。

17. 相続財産について、民法と税法で違いがあるのはどこ？

民法では相続の公平の観点から「特別受益の持ち戻し」、相続税法では税負担の公平の観点から「みなし相続財産」や「生前贈与の加算」などが行われます。

●民法では「特別受益」を相続財産の範囲に含める

　民法と税法（相続税法）では、相続財産の範囲についての違いもあります。

　民法では、亡くなった人（被相続人）が生前に保有していた金銭的な価値のあるすべての財産が相続の対象となります。現金や預貯金、不動産、美術品のほか、ゴルフ会員権や特許権なども含まれますが、被相続人の一身に属するようなもの、例えば扶養請求権、年金受給権などは含まれません。

　民法における相続財産の範囲で注意が必要なのが、相続の公平を図るための「特別受益」です。

「特別受益」とは、相続人が被相続人からの生前贈与や、遺贈・死因贈与など特別に被相続人から利益を受けていることを言います。

　複数の相続人のうち、特別受益を受けている者がいるときは、その贈与を受けた分も相続財産に含め（「特別受益の持ち戻し」と呼びます）、その分は特別受益者の相続分から控除します。

「特別受益」の例としては、住宅購入資金の援助、被相続人の土地や建物の無償使用、開業資金の援助、留学費用の援助、

婚姻や養子縁組の支度金・持参金などが挙げられます。

　ただし、これらが常に「特別受益」となるわけではありません。贈与の額のほか、被相続人の経済状況や社会的地位に照らして負担が大き過ぎないか、他の相続人と比較して不公平になっていないかどうかといった点から、特定の相続人だけが特別に遺産の前渡しを受けていたかどうかを判断します。

　そのため、被相続人が裕福で社会的地位もあるような場合、特定の相続人にだけ留学費用を援助したとしても、扶養の範囲内であり、特別受益にはならないかもしれません。

「特別受益」の例外として、被相続人が「特別受益」を適用しない旨を遺言などで意思表示していれば、適用されません。また、婚姻期間が20年以上の夫婦の一方である被相続人が、他の一方に対し、その居住の用に供する建物またはその敷地について遺贈または贈与をしたときは、被相続人がその旨の意思表示をしたものと推定することになっています。

●**相続税法では「みなし相続財産」や一定の生前贈与に注意**

　一方、相続税法では、次のページの図表15にあるような「みなし相続財産」[Q48.122頁参照]や「贈与財産の加算」[Q52.131頁参照]が問題になります。これらは本来の相続財産とはいえませんが、税負担の公平の観点から相続税の対象となるのです。

図表15　本来の相続財産とはいえないが相続税の対象となるもの

みなし相続財産	死亡保険金等	被相続人の死亡によって相続人が取得した生命保険金や損害保険金で、その保険料の全部または一部を被相続人が負担していたもの
	死亡退職金等	被相続人の死亡によって、被相続人に支給されるべきであった退職手当金、功労金その他これらに準ずる給与を相続人が受け取る場合で、被相続人の死亡後3年以内に支給が確定したもの
	生命保険契約に関する権利	被相続人が保険料を負担し、被相続人以外の人が契約者となっている生命保険契約で、相続開始のときにおいて、まだ保険金の支払事由が発生していないもの
	定期金に関する権利	被相続人が掛け金や保険料を負担していた定期金に関する権利や保証期間付定期金に関する権利
生前贈与の加算	相続開始前3年以内の贈与	相続や遺贈で財産を取得した人が、被相続人の死亡前3年以内に被相続人から財産の贈与を受けている場合（一定の特例を受けた場合を除く）
	贈与税の納税猶予特例を受けていた農地等	被相続人から生前に贈与を受けて、贈与税の納税猶予の特例を受けていた農地、非上場会社の株式や個人事業の事業用資産など
	贈与税の非課税特例の管理残額	教育資金の一括贈与に係る贈与税の非課税または結婚・子育て資金の一括贈与に係る贈与税の非課税の適用を受けた場合の管理残額
	相続時精算課税による贈与	被相続人から、生前、相続時精算課税の適用を受けて取得した贈与財産
その他	遺贈、死因贈与	被相続人から遺言で贈与された財産（遺贈）や、被相続人の死亡を効力発生要件とする停止条件付贈与によって受け取った財産（死因贈与）
	特別寄与料	特別寄与者が支払を受けるべき特別寄与料の額で確定したもの 相続人がいなかった場合に、民法の定めによって相続財産法人から与えられた財産

●民法の「特別受益」と相続税法の「生前贈与の加算」の比較

　こうした民法と相続税法における相続財産の範囲の違いで分かりにくいのが、「特別受益」と「生前贈与の加算」です。

　民法の「特別受益」では、特定の相続人が受けた生前贈与すべてを相続財産に含める「持ち戻し」を行いますが、相続税においては「持ち戻し」は行いません。生前贈与を受けたときにすでに贈与税の対象になっているからです。

　一方、相続税法では「みなし相続財産」が課税対象となります。また、一定の範囲の生前贈与について「生前贈与の加算」が行われます。

　民法の「特別受益の持ち戻し」と相続税法の「生前贈与の加算」を比較すると、次のようにまとめられます。

図表16　民法の「特別受益の持ち戻し」と相続税の「生前贈与の加算」の比較

	民法の「特別受益の持ち戻し」	相続税法の「生前贈与の加算」
目的	相続の公平	税負担の公平
対象となる贈与	婚姻・養子縁組のためや生計の資本としての贈与	すべての贈与 （110万円の基礎控除以下の贈与も対象。ただし、配偶者控除、住宅取得等資金、教育資金、結婚・子育て資金贈与のうち非課税の適用を受けたものは除く）
対象となる期間	期限なし （遺留分の計算では相続開始前10年以内のもの）	相続開始前３年以内の贈与 （相続時精算課税を選択した場合は選択した年以降の贈与）

18. 民法改正でできた「特別寄与分」にも相続税はかかるの？

被相続人を療養看護したような親族（相続人を除く）が受け取れる「特別寄与分」には、2割増しで相続税がかかります。

●相続人以外の親族が請求できるのが「特別寄与分」

従来、民法では、「**寄与分**」という制度があります。これは、被相続人の事業に関する労務の提供または財産上の給付を行ったり、被相続人の療養看護その他の方法によって、被相続人の財産の維持または増加について特別の寄与をした相続人には、その寄与分を相続分に加えるというものです。

具体的には、次の5つの類型があるとされます。

①**事業従事型** … 被相続人が行う事業を手伝った、など
②**財産出資型** … 被相続人の借金の肩代わりをした、など
③**療養看護型** … 被相続人を介護した、など
④**扶養型** … 被相続人の生活の援助をした、など
⑤**財産管理型** … 被相続人が保有する資産の売却を手伝った、など

「寄与分」が認められるのは相続人に限定されています。しかし、被相続人の事業を助けたり、生活の面倒を見ているのは相続人とは限りません。例えば、被相続人の子の妻が被相続人の介護を行ったりしていることもありますが、寄与分の請求はできません。

そこで民法改正により、2019年（令和元年）7月1日以降の相続から「**特別寄与分**」という制度が適用されるようになりました。

　相続人でなくても親族であれば、「被相続人に対して無償で療養看護その他の労務の提供をしたことにより被相続人の財産の維持又は増加について特別の寄与」をした場合には、特別の寄与に応じた金銭（特別寄与料）の請求が認められることになったのです。

　なお、特別寄与分には、次のような要件があります。

図表17　「特別寄与分」の要件

（1）被相続人の親族であること	特別寄与料を請求できるのは、相続人以外の親族。相続人には寄与分が認められているため、特別寄与の請求権者（特別寄与者）とはされない。相続放棄した者、相続欠格者、廃除により相続権を失った者も対象外。
（2）療養看護その他の労務を提供したこと	被相続人に対して、「療養看護その他の労務を提供」したことが必要。寄与行為の種類は療養看護などの「労務の提供」とされていて、被相続人に対する財産給付は除かれる。 相続人の寄与分のような財産出資型（不動産購入資金の援助のように被相続人に財産上の利益を与えるものなど）の貢献をした者は、特別寄与者にはあたらない。
（3）無償であること	被相続人に対する労務の提供が「無償で」なされたものでなければならない。被相続人から対価や報酬を受け取って労務を提供していた場合は対象外。ただし、被相続人から何らかの財産給付を受けていた場合であっても、その財産給付が労務の提供の対価とはいえない場合には、無償性は否定されない。

（4）労務の提供によって被相続人の財産が維持または増加していること	この要件は、「寄与分」でも必要とされている。財産上の効果のない援助・協力だけにとどまる場合は、特別寄与としては評価されにくい。
（5）特別の寄与	相続人が「寄与分」を請求する場合、被相続人と相続人との身分関係によって通常期待されるような貢献では寄与分を認めるには足りないという意味で「特別の寄与」が必要だとされる。 しかし、特別寄与者は相続人ではないのでこれと同じように考える必要はなく、特別寄与制度での「特別の寄与」とは、一定程度以上の寄与、つまりその者の貢献に報いるのが適当だといえる程度に顕著な貢献があることを意味するとされる。

●「特別寄与分」は被相続人からの「遺贈」と同じ扱い

　特別寄与料は、遺産分割手続きとは別のものとされており、該当する親族は相続人に対して、寄与に応じた額の特別寄与料の支払を請求することになります。

　特別寄与料の請求が認められるか、認められるとした場合その額はいくらかなどは、特別寄与者と相続人との協議によって決まります。協議が整わないときや協議ができないときは、家庭裁判所に特別の寄与に関する処分の調停や審判を申し立てることができます。

　ただし、特別寄与者が相続の開始および相続人を知ったときから6カ月を経過したとき、または相続開始のときから1年を経過してしまうと、申し立てができなくなってしまいます。

相続人から特別寄与料の支払を受けた人は、被相続人から「遺贈」により特別寄与料を取得したものとみなされます。

「遺贈」とは、遺言によって、遺贈者（遺産を贈る側）の財産の全部または一部を、受遺者（遺産を受ける側）に無償で贈与することです。遺贈により被相続人の財産を取得した人は、法定相続人でなくても相続税の納税義務者となります。つまり、特別寄与者も特別寄与料を受け取った分について、相続税がかかります。

　注意が必要なのは、特別寄与者は法定相続人でないため、「相続税の２割加算」の対象になることです。

「相続税の２割加算」とは、被相続人の配偶者および１親等の血族（親と子）以外の人が相続した場合、相続税の総額を各相続人が取得した相続財産の額に応じて按分した額に２割加算して納税しなければならないというものです。[Q57.145頁参照]

　なお、特別寄与料を負担した相続人は、取得した相続財産の額から負担した特別寄与料を控除した残額に応じて、相続税を支払うことになります。

19. 相続税の申告手続きで、国税庁の通達が重要なのはなぜ？

「通達」とは行政機関の内部で事務取り扱いを統一するための指示ですが、国税庁が出す税法解釈についての通達は実務で大きな影響力をもっています。

●相続税において特に重要なのが「財産評価基本通達」

相続税に限らず、税金の実務では国税庁の「通達」が非常に大きな意味をもつとされます。

「通達」とは本来、特定の行政機関の内部において、上級機関が下級機関に対して、事務の取り扱いを統一するために出す指示のことです。

国税庁の「通達」も基本的に、全国の国税局や税務署に対する指示であって、「通達」によって税金をかけたり、課税の条件を変更したりすることはできません。

しかし、国税庁の出す「通達」のうち税法の解釈についての通達は、実務において大きな影響力をもっています。税法には税金についてのさまざまな規定が設けられていますが、細部については解釈によるところもあり、税金を納める側としては国税庁の考え方（通達）を理解しておくことで安心して申告納税が行えます。

相続税法では、財産の評価に関しては、特定の財産のみその評価方法が規定されており、その他の財産は「時価」による旨だけ規定（相続税法22条）されています。

そこで、相続税において重要となるのが「財産評価基本通

達」です。相続税がかかる財産の評価をどうするか、特に土地や建物など不動産について細かく定めています。

また、第1章総則の第6項（総則6項）では「この通達の定めによって評価することが著しく不適当と認められる財産の価額は、国税庁長官の指示を受けて評価する」としており、時として絶大な効力を発揮します。

要は、財産評価基本通達による評価であっても、その評価額が相続税法22条でいう「時価」から見て、著しく不適当な額とみなされれば、国税庁長官の指示で相続税評価額を変えることができるというものです。

実際、タワーマンションを相続直前に購入し、相続発生後にすぐ売却したケースなどでこの総則6項が適用され、行き過ぎた節税対策が否認された裁判例（令和元年8月27日東京地裁）があります。

ちょっと ひとこと！

開業当初から現在まで
相続税に特化、
私たちは正真正銘「相続税専門」の
税理士事務所です

東京三越前本店
税理士・公認会計士・代表社員
荒巻善宏
（あらまき・よしひろ）

医師にも外科・内科・皮膚科・耳鼻科等といった専門分野があるように、税理士にも法人税、所得税、消費税、相続税といった専門分野が分かれています。内科医に外科手術をお願いしないのと同じように、税理士についても相続税専門の事務所に相談することが大切です。私たちは開業当初から現在まで税理士のなかでは珍しい「相続税専門」の税理士事務所として、相続税に特化し、業界トップクラスの相続税申告（年間1500件以上）の取り扱い件数を積み重ねてきました。「すべてはお客様にとって最良の相続税申告のために」という理念のもと、ご相談いただくすべての方にご満足いただけるように尽力し、誠意をもって対応させていただきます。

第 2 章

たった10カ月の短期決戦！相続税の申告はスピード勝負

20. 相続税の申告期限は、なぜ10カ月なの？

かつては3カ月や半年だったものが、次第に延長されて10カ月に。それでも相続が発生するとあっという間です。

●申告が必要なのは相続税額があるときだけ

相続税の申告は、相続の発生を知った日の翌日から10カ月以内とされています。

相続財産の課税価格が基礎控除以下であれば、申告は不要です。しかし、相続税額が0であっても「小規模宅地等の特例」[Q34.98頁参照]や「配偶者の税額軽減」[Q53.134頁参照]などを受ける場合は申告が必要となります。相続税がかかるかどうか微妙で、詳しく調べないと分からないケースも少なくありません。

相続が発生したら、基本的にはどんな相続財産があるか、どれだけあるかをすぐ調べてみることが不可欠です。

ちなみに、日本で相続税が生まれたのは1905年（明治38年）のことです。当時、相続人は相続開始を知った日から「3カ月以内」に相続財産の目録および相続財産の価額より控除されるべき金額の明細書を政府に提出しなければなりませんでした。

たった3カ月というのは今からすると驚きですが、相続税がかかるのはごく一部の富裕層であり、あらかじめ財産の管理などを行っているというのが前提だったのでしょう。

「10カ月以内」となったのは、1992年（平成4年）からです。

　ちなみに、これはバブル景気で地価が高騰し、相続税の申告が必要なケースが急増したため、手続き上の負担感を軽減するためだったといわれます。

●「3カ月」「4カ月」「10カ月」が大きな節目

　相続税の申告に関する主なスケジュールは図表18のとおりです。

　特に、相続の放棄・限定承認の期限である「3カ月」、亡くなった人（被相続人）の所得税の準確定申告の期限である「4カ月」、そして相続税の申告・納付の期限である「10カ月」の3つが大きな節目です。

　ただし、相続のスケジュールはこの範囲にとどまりません。例えば、相続が発生する前に、被相続人の思いを確認したり、その所有する財産の範囲、内訳を把握したり、相続人の間で遺産分割についてお互いの考えを聞いたりしておくことは、スムーズな相続のためにとても大事です。

　また、遺言によって遺留分を侵害された法定相続人が遺留分侵害請求権を行使できるのは、侵害を知ってから「1年」とされています。

　あるいは、相続税の申告内容について、税務署が調査に入るのは申告・納税した翌年から3年以内といわれています。

　相続が発生して10カ月間は確かにさまざまな手続きが重なり、忙殺されることになりますが、その前後についても気を配っておきたいものです。

図表18　相続税申告に関わる一般的なスケジュール

期限	相続税申告にまつわる事柄
相続開始前	被相続人の思いの確認など
相続開始	被相続人の死亡 ・葬儀の手配 ・死亡届の提出
1カ月以内が目安	相続人の確認（戸籍取り寄せ） 遺言書の有無の確認 被相続人の所得確認 被相続人の財産確認（預貯金、生命保険、不動産、有価証券など） 税理士への業務依頼
2カ月以内	相続人の青色申告申請書の提出 ※相続人が被相続人の事業を引き継ぐ場合
3カ月以内	相続放棄・限定承認の申し出 ※相続放棄は相続人全員で、限定承認は各相続人が家庭裁判所に申し出る
4カ月以内	被相続人の準確定申告
10カ月以内	相続税の申告と納税
1年以内	遺留分侵害請求権の行使 ※遺留分を侵害された法定相続人が遺留分の侵害を知ってから
1年以内が目安	遺産の名義変更
3年以内	税務調査

21. 新型コロナウイルスを理由に相続税の納付が延長できる?

従来「災害その他やむを得ない理由」がある場合、延長が認められていますが、新型コロナウイルスでは延長期間の判断がかなり柔軟になっています。

●「やむを得ない理由」がなくなったかどうかは主観でOK

相続税の申告・納付期限は、相続開始があったことを知った日(通常は被相続人が死亡した日)の翌日から10カ月以内に行うことと定められています。

しかし、当事者にはどうしようもない事情で間に合わないケースも考えられます。そのため、国税通則法では、「災害その他やむを得ない理由」がある場合には、申請することにより最大2カ月間、期限の延長が認められるとしています。

ただ、これまで延長が認められるケースは、相続人の移動、遺留分の侵害請求、遺贈に係る遺言書の発見など、かなり限られていました。

それに対し、今回の新型コロナウイルスでは、「やむを得ない理由」を広く認め、かなり柔軟に申告・納付期限の延長措置がとられています。

国税庁の「相続税の申告・納付期限に係る個別指定による期限延長手続に関するFAQ」によると、下記のようなケースが挙げられています。

図表19　新型コロナウイルスにおける「やむを得ない理由」の例

新型コロナウイルス感染症に感染した
体調不良により外出を控えている
平日の在宅勤務を要請している自治体に住んでいる
感染拡大により外出を控えている

　延長手続きは事前の申請は必要なく、相続税の申告書を書面で提出する場合、右上の余白部分に「新型コロナウイルスによる申告・納付期限延長申請」と記入すればOKです。税務署にはスタンプも用意されています。

　また、延長期間は「やむを得ない理由」がなくなった日から2カ月以内とされており、これは客観的な基準によるものではなく、主観的な判断でよいとされています。実質上、2カ月以内という期限にかかわらず、申告書を作成・提出できるようになった時点で申告をすればよいのです。

●申告期限が要件となる特例には注意が必要

　ただし、申告書の提出日＝相続税の納付期限であることには注意が必要です。納税が申告書の提出日より遅れると、延滞税がかかる場合もあります。つまり、申告書の提出日までに納税資金を準備しておかなければなりません。

　申告期限が要件となる特例を利用する場合も注意が必要です。例えば、「小規模宅地等の特例」［Q34.98頁参照］が適用される要件に、「被相続人と同居していた親族」というも

のがあります。

　ここでいう「親族」は、相続開始前から相続税の申告期限まで被相続人の自宅などに住み、宅地などを相続税の申告期限まで保有していなければなりません。延長措置を利用すると、相続税の申告を終えるまで被相続人の自宅などに住み続け、保有し続ける必要があります。相続開始から10カ月経った時点で被相続人の自宅などを売却してしまうと、特例が受けられなくなる恐れがあります。

　感染リスクを抑えながら相続税の申告作業を進めることにも注意が必要です。

　相続税の申告には戸籍謄本などの書類の収集が必要になりますが、役所の窓口まで出向かなくても郵送で取り寄せることもできます。

　遺産分割協議書は相続人全員が一堂に会して作成、署名・押印するというイメージがあるかもしれませんが、メールや電話、オンライン会議などで内容を詰めたうえで書面を作成し、署名・押印は郵送で順繰りに行えば集まらずに済みます。

　被相続人の財産の把握に時間がかかりそうなら「熟慮期間」の延長申請をするとよいでしょう。

　相続には、「単純承認」「相続放棄」「限定承認」の３種類があり［Q2.18頁参照］、相続放棄や限定承認は相続開始があったことを知った日から３カ月以内に行うことが必要です。この３カ月間のことを「熟慮期間」といいます。

新型コロナウイルスにより、熟慮期間中に財産の内容を把握しきれないことも考えられ、そのときは相続開始後3カ月以内に、被相続人の住所地を管轄する家庭裁判所に申し立てます。延長期間は通常は3カ月程度ですが、今回の新型コロナウイルスではより長く認められる可能性もあります。

　もう一つ、コロナを理由に延長が認められるのが「準確定申告」です。準確定申告とは、年の途中で亡くなった人（被相続人）の確定申告のことで、相続人が行います。

　被相続人が亡くなった年の1月1日から死亡した日までに確定した所得金額と税額を計算し、相続開始があったことを知った日から4カ月以内に申告と納税をするものです。

　しかし、新型コロナウイルスの影響がある場合には申告・納付期限が延長できます。手続きは相続税の申告・納付期限の延長と同様で、申告・納付できるようになった時点で申告書を作成し、申告書の右上の余白部分に「新型コロナウイルスによる申告・納付期限延長申請」という文言を記入すればよいとされます。

新型コロナウイルスによる申告・納付期限の延長はいつまでも続くものではなく、国税庁が「災害が止んだ」と認められる日までの措置なので、新型コロナウイルスの流行が収束する際には注意を。

22. 相続税の申告期限に遅れた場合や申告内容を間違えたときはどうなる？

申告が遅れたことに対する加算税と、納税が遅れたことに対する延滞税の2つのペナルティが付きます。

●仮装隠ぺいがあったときは重加算税も

相続税の申告と納税は基本的に、相続開始を知った日の翌日から10カ月以内に行わなければなりません。

もし、遅れるとどうなるのでしょうか。

まず、本来の税額を支払わなければならないのは当然ですが、それに加えて、申告が遅れたことに対する加算税と、納税が遅れたことに対する延滞税という、2つのペナルティが付きます。

申告が遅れたことに対するペナルティが「**無申告加算税**」です。

金額はどの段階で申告したかによって変わります。

まず、税務調査の事前通知が来る前に、自主的に申告した場合は納付税額の5％です。

税務署から税務調査の事前通知を受けてから、税務調査を受けるまでに申告した場合は納付税額の10％ですが、納付税額が50万円を超える部分は15％となります。

さらに、税務調査を受けてから申告した場合は納付税額の15％ですが、納付税額が50万円を超える部分は20％です。

誤って税金を少なく申告した場合は、「**過少申告加算税**」がかかります。

　金額は、追加して納めることになった税額に対して基本的に10%です。また、加算して納めることになった税額が当初の申告納税額と50万円とのいずれか多い金額を超えている場合、その超えている部分については15%の加算になります。

　ただし、税務署の調査の前に自主的に申告書を提出すれば、過少申告加算税はかかりません。

　さらに、事実を仮装隠ぺいして申告を行わなかった場合、または、仮装に基づいて過少申告を行った場合に課されるのが「**重加算税**」です。

　無申告加算税、過少申告加算税に代わって課されるもので、無申告加算税に代わって課される場合は40%または50%、過少申告加算税に代わって課される場合は35%または45%になります。

　以上のような申告が遅れたことに対するペナルティとともに、納税が遅れたことに対するペナルティとしてかかるのが「**延滞税**」です。

　延滞が納付期限から2カ月以内の期間については、年利7.3%と「特例基準割合＋1％」のいずれか低いほうが課せられます。

　2カ月超の期間については、原則として年利14.6%と「特

例基準割合＋7.3％」のいずれか低いほうが課せられます。

　なお、2021年（令和3年）1月1日から同12月31日の期間については、2カ月以内の期間は2.5％、2カ月超の期間は8.8％が適用されます。

図表20　加算税の種類と加算税率

		税務調査の事前通知前	税務調査の事前通知後、調査を受けるまで	税務調査を受けてから	仮装隠ぺいがあった場合（**重加算税**）
無申告加算税		5％	10％	15％	40％または50％
	期限内申告額と50万円のいずれか多い額を超える部分	—	15％	20％	
過少申告加算税		課されず	5％	10％	35％または45％
	期限内申告額と50万円のいずれか多い額を超える部分	—	10％	15％	

$23.$ 申告期限に間に合いそうにないときは、どうしたらいい?

申告期限内に多めの概算で申告し、多めに相続税を支払っておく方法と、法定相続分で申告し、申告期限後3年以内の分割見込書を提出する方法があります。

●概算で申告

　相続の発生から10カ月以内という相続税の申告期限までに、申告の準備が間に合わないというようなケースでは二つの対処方法が考えられます。

　一つは、申告期限内に多めの概算で申告し、税額を多めに支払っておくという方法です。少なめの申告ですと、加算税、延滞税を心配しなければなりません。

　後日、正しい税額の計算をし直し、その旨を税務署に申告し（更正の請求）、多めに支払った分の税額の還付を受けます。[Q75.192頁参照]

●分割見込書の提出は申告期限内に

　もう一つは、法定相続分で申告し、併せて「申告期限後3年以内の分割見込書」を提出するという方法です。

　申告期限までに遺産分割がまとまらない場合、とりあえず法定相続分で分割したとして、遺産は未分割のまま申告を行うというものです。

　のちに遺産分割が確定した段階で、税額が増える相続人は追加で税額を納め、減る相続人は還付を受ける手続きをとり

ます。

　ただし、この方法は本来の申告期限までに、「申告期限後
3年以内の分割見込書」を提出することが必須です。

●更正の請求の期限に注意

　相続税法の特例には、「事業承継税制」や「農地の納税猶
予」のように申告期限内に申請しておかなければ使えない特
例があり、また、「小規模宅地等の特例」や「配偶者の税額
軽減」のように相続人全員で遺産分割協議を行い、その資料
（写し）の添付が必要な特例もあります。

「申告期限後3年以内の分割見込書」を提出し、その後、分
割が成立した場合において、その分割に基づき「小規模宅地
等の特例」や「配偶者の税額軽減」を受ける場合は、分割が
成立した日の翌日から4カ月以内に更正の請求を行う必要が
あります。

第3章

相続税額の
決め手となる
財産の「評価」とは
何か

$24.$ 相続税がかかるかどうか、何か目安はある？

重要な目安となるのが基礎控除額です。現在は、3000万円プラス相続人一人あたり600万円の合計額で計算します。

●法定相続人が3人なら4800万円

そもそも相続財産に対する課税については、基本的に二つの考え方があります。一つは、相続財産そのものに課税するという考え方で、アメリカなどが採用しています。相続人は、税額を納めた後の財産を分けます。

もう一つは、相続財産を取得した相続人に課税するという考え方で、日本の相続税はこちらです。

具体的には、相続や遺贈によって財産を取得した各人の「課税価格の合計額（遺産総額）」をもとに、法定相続分で分けたとして相続税の総額を計算し、それを各相続人が取得した財産額に応じて割り振ります。

「課税価格の合計額（遺産総額）」は、簡単にいえば被相続人のプラスの財産（預貯金や土地など）から、マイナスの財産（債務や葬儀費用など）を引いたものです。

そして、相続税の計算上、この遺産総額から差し引かれるのが「基礎控除額」であり、相続税がかかるかどうかの重要な目安となります。

「基礎控除額」は2015年（平成27年）以降、次のようになっています。

基礎控除額 ＝ 3000万円＋（600万円×法定相続人の数）

　法定相続人［Q16.47頁参照］の数が多ければ多いほど、基礎控除額も多くなります。例えば、法定相続人が3人なら基礎控除額は4800万円です。

　そして、遺産総額が基礎控除額を下回れば、相続税の申告や納税は基本的に必要ありません。

図表21　遺産総額と基礎控除額の関係

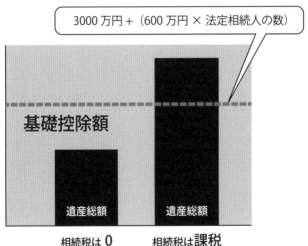

25. 遺産の種類で多いのはどんなもの？

直近では土地と現金・預貯金等がそれぞれ約34％、有価証券が約15％となっており、全体の8割超を占めます。

●土地、家屋を合わせた不動産は今も約4割

　相続財産は、亡くなった人（被相続人）が生前に所有していた「金銭に見積もることができる経済的価値のあるすべてのもの」で、有形、無形を問わずその範囲は非常に広くなっています。

　ただ、金額ベースで見ると特定の財産が大部分を占めています。

　直近の2019年（令和元年）分の相続税の申告状況によると、金額による構成比では、土地が34.4％、現金・預貯金等が33.7％、有価証券が15.2％の順になっています。

　かつては、土地と家屋など不動産で半分以上を占めていたこともありますが、近年は次第にその割合が下がり、現金・預貯金等が大幅に増えています。また、最近は金利低迷を受けて、株式や投資信託など有価証券の割合が高まっているのも特徴です。

　とはいえ、いまだに土地と家屋を合わせると4割近くを占め、金額も合計で6兆5000億円（評価額ベース）を超えています。

図表22　相続財産の金額の構成比の推移

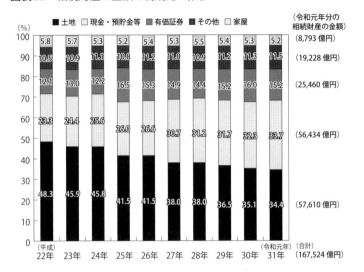

※国税庁資料
（注）上記の計数は、相続税額のある申告書のデータに基づく。

26. 土地の相続税評価額は、市場の取引価格より低いってどういうこと？

> 相続税における土地の評価には「路線価方式」と「倍率方式」があり、いずれも「公示地価」を目安にしています。

●相続財産は原則として「時価」で評価

相続税がいくらになるか計算するには、相続財産が全部でいくらになるのか、それぞれ評価しなければなりません。

この点、相続税法では地上権などごく一部の財産についてその評価法を規定していますが、その他については相続時点での「時価」で評価するとしているだけです。

そこで国税庁では「財産評価通達」において、相続財産の種類ごとに細かく評価方法を定めています。

まず、原則として「時価」とは「課税時期において、それぞれの財産の現況に応じ、不特定多数の当事者間で自由な取引が行われる場合に通常成立すると認められる価額」とされています。いわゆる「市場価格」ということです。

株式市場で取引されている上場株などは分かりやすいですが、それでもいつの時点の市場価格にするかが問題となるので、「財産評価通達」ではその点について具体的に定めています。

●土地については「路線価方式」または「倍率方式」で評価

問題は、土地や建物などの不動産、そして株式市場で取引

されることのない非上場株などです。

「財産評価通達」では、土地については原則として宅地、田、畑、山林などの地目ごとに、「路線価方式」または「倍率方式」で評価するとしています。

「路線価方式」は、主に都市部などの土地で利用される評価方法です。「路線価方式」が適用されるエリアでは、路線（道路）ごとに、その路線に面する標準的な宅地の1平方メートルあたりの価額を毎年、「相続税路線価」として国税庁が定めます。

　相続財産に含まれる土地の評価は、土地の形状や道路付けに応じた調整（増額や減額）をしたうえで、その土地が面する路線（道路）に付けられた「相続税路線価」にその土地の面積を掛けて計算します。

図表23　「路線価方式」による評価額の計算例

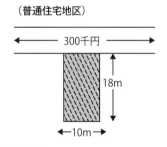

（普通住宅地区）

300千円

18m

←10m→

〈計算例〉
（正面路線価）×（奥行価格補正率）×（面積）
　300千円　　×　　　　1.00　　　×180平方メートル
　=54,000千円（評価額）

これに対して「倍率方式」は、相続税路線価が定められていない地域の評価方法です。倍率方式における土地の価額は、その土地の固定資産税評価額に、一定の倍率を乗じて計算し、多くは1.1倍ないし1.0倍です。

●相続税路線価は「公示地価」の８割、固定資産税評価額は同７割が目安

　ところで、「路線価方式」「倍率方式」のいずれにしろ、相続税における土地の評価は、市場価格よりは低くなることが多いとされます。

　なぜなら、「路線価方式」における相続税路線価も、「倍率方式」による固定資産税評価額（そのベースとなる固定資産税路線価）も、「公示地価」を目安にしているからです。「公示地価」とは地価公示法に基づき、国土交通省が一般の土地の取引価格の指標とするなどの目的で年１回、全国２万数千地点を選び、その地価を公表しているものです。「公示地価」のベースになるのは実際の売買事例などですが、公示地価の判定にあたっては「標準地の正常な価格」とするための調整が加えられます。そのため、実際の売買等における価格より「公示地価」は１〜２割程度低くなることが多いとされます。ここでまず、市場価格とのずれが生じるのです。

　さらに、「路線価方式」における相続税路線価は国税庁が毎年見直していますが、その際、「公示地価」のおおむね８割を目安としています。また、「倍率方式」における固定資産税評価額（そのベースとなる固定資産税路線価）は各地方

自治体が3年に一度、見直していますが、その際に「公示地価」の7割程度を目安としています。

　このため、さらに市場価格とのずれが広がるのです。

　なお、災害により被害を受けた地域（「特定地域」という）にある土地等に対しては、相続税路線価に一定の調整率を乗じた額を評価額とする措置がとられています。

　今回のコロナ禍では、相続税路線価の減額措置（補正率の調整）として、2020年（令和2年）7月〜9月に、大阪市中央区の一部の地域に所在する土地等を相続や贈与により取得した方について、0.96の補正率により土地の評価を算出することとなっています。

27. 土地の相続税評価額は、固定資産税評価額からだいたい分かるってホント？

「倍率方式」のエリアでは固定資産税評価額どおり、「路線価方式」のエリアでは固定資産税評価額を1.14倍するのが目安です。

●「公示価格」「相続税路線価」「固定資産税評価額」それぞれの比率を参考に

相続が発生する前に、大まかにでも土地の相続税評価額が分かると、相続が発生したときに相続税がかかるかどうか判断ができ、対策を講じやすくなります。

まず、「倍率方式」では基本的に、各市町村がそれぞれの土地に設定している「固定資産税評価額」がそのまま、相続税評価額になります。

したがって、毎年、市区町村から送られてくる固定資産税の納税通知書に記載されている固定資産税評価額を確認すればよいことになります。

「路線価方式」の場合は、国税庁が定める「相続税路線価」がベースになります。全国の「相続税路線価」は国税庁のホームページに掲載されているので、一度、確認してみるとよいでしょう。

また、「倍率方式」と同じように、固定資産税評価額を使って目安を確認することもできます。なぜなら、相続税路線価は「公示地価」の8割を目安としており、固定資産税評価額は「公示地価」の7割を目安としています。そこで、次

の式で計算すればよいことになります。

相続税路線価による土地の評価額 =
その土地の固定資産税評価額 ÷ 0.7 × 0.8

　もちろん、これはあくまで目安の確認であり、実際には土地の形状や周辺環境などによる補正が必要になります。
　とはいえ、自分たちのケースでは相続税がかかるかどうか、確認する一つの参考になるでしょう。

図表24　土地の「公示価格」と「相続税路線価」「固定資産税評価額」
　　　　の大まかな関係

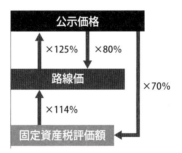

28. 形がいびつな土地や斜面の土地、規模の大きな土地などの評価はどうなる？

「財産評価基本通達」では、土地の形状や状態に応じてさまざまな補正を行うことになっています。

●利用価値が著しく低下している場合、最大50％減額も

「路線価方式」による実際の土地の評価では、「相続税路線価」をベースにしながら、その土地の形状や状態に応じて、さまざまな補正を行います。

「財産評価基本通達」で定めている代表的なケースを挙げておきます。

＜奥行きが長かったり短かったりする土地＞

奥行きが長かったり短かったりする土地は使い勝手が悪く、土地区分と奥行きの長さに応じて「奥行価格補正率」が適用され、評価額が下がります。

図表25　奥行価格補正率の例（一部）

地区区分／奥行距離（メートル）	普通商業・併用住宅地区	普通住宅地区
4未満	0.90	0.90
4以上6未満	0.92	0.92
6 〃 8 〃	0.95	0.95
8 〃 10 〃	0.97	0.97
10 〃 12 〃	0.99	
12 〃 14 〃		1.00
14 〃 16 〃		
16 〃 20 〃	1.00	
20 〃 24 〃		
24 〃 28 〃		0.97
28 〃 32 〃		0.95
32 〃 36 〃	0.97	0.93

奥行きが短い ？

＜間口が狭い土地＞

　地区区分と間口の距離に応じて「間口狭小補正率」が適用され、評価額が下がります。

図表26　間口狭小補正率の例（一部）

地区区分 間口距離 （メートル）	普通商業・ 併用住宅地区	普通住宅 地区
4未満	0.90	0.90
4以上6未満	0.97	0.94
6 〃 8 〃		0.97
8 〃 10 〃		
10 〃 16 〃	1.00	1.00
16 〃 22 〃		
22 〃 28 〃		
28 〃		

＜間口と奥行きのバランスが悪い土地＞

「奥行価格補正率」や「間口狭小補正率」と合わせて「奥行長大補正率」が適用されます。場合によっては3つを合わせて適用されることもあります。

図表27　奥行長大補正率の例（一部）

地区区分 奥行距離 間口距離	高度商業地区 繁華街地区 普通商業・ 併用住宅地区	普通住宅 地区
2以上3未満	1.00	0.98
3 〃 4 〃	0.99	0.96
4 〃 5 〃	0.98	0.94
5 〃 6 〃	0.96	0.92
6 〃 7 〃	0.94	
7 〃 8 〃	0.92	0.90
8 〃	0.90	

<**不整形地**>

　整った四角形ではない形状の土地を「不整形地」と呼び、利用しにくいので評価額が下がります。

　具体的には、その土地がきれいな長方形または正方形の土地（整形地）であるとした想定図を描き、その想定整形地と比較して生じる「かげ地」部分の面積の割合を算出します。かげ地の割合が大きいほど減額率（不整形地補正率）が高くなります。

図表28　不整形地補正率の例（一部）

地区区分	普選住宅地区		
地積区分　　　　　　かげ地割合	A 〜500㎡	B 500〜750㎡	C 750㎡〜
10％以上	0.98	0.99	0.99
15％ 〃	0.96	0.98	0.99
20％ 〃	0.94	0.97	0.98
25％ 〃	0.92	0.95	0.97
30％ 〃	0.90	0.93	0.96
35％ 〃	0.88	0.91	0.94
40％ 〃	0.85	0.88	0.92
45％ 〃	0.82	0.85	0.90
50％ 〃	0.79	0.82	0.87
55％ 〃	0.75	0.78	0.83
60％ 〃	0.70	0.73	0.78
65％ 〃	0.60	0.65	0.70

＜がけ地＞

　一部が斜面になっている土地を「がけ地」と呼び、「がけ地補正率」が適用され、評価額が下がります。

　対象となるのは、土地全体の面積に対してがけ地の割合が10％以上の場合で、がけ地の方位がどちらにあるかによっても補正率は変わります。

図表29　がけ地補正率

がけ地地積 総地積	南	東	西	北
0.10以上	0.96	0.95	0.94	0.93
0.20 〃	0.92	0.91	0.90	0.88
0.30 〃	0.88	0.87	0.86	0.83
0.40 〃	0.85	0.84	0.82	0.78
0.50 〃	0.82	0.81	0.78	0.73
0.60 〃	0.79	0.77	0.74	0.68
0.70 〃	0.76	0.74	0.70	0.63
0.80 〃	0.73	0.70	0.66	0.58
0.90 〃	0.70	0.65	0.60	0.53

（表頭：がけ地の方位）

＜地積規模の大きな土地＞

　以前は「広大地」と呼ばれていたものが2018年（平成30年）1月1日以降の相続より「地積規模の大きな宅地」となりました。

　対象となるのは基本的に、三大都市圏では500㎡以上、それ以外では1000㎡以上の広さの土地です。

　こうした土地を活用しようとすると、戸建て住宅の団地として開発されることが多く、その場合、引き込み道路や公園などを設置しなければならず、有効に活用できる面積が削られます。そこで、一定の方法で評価額を軽減することになっています。

図表30　路線価地域にある「地積規模の大きな宅地の評価」

評価額 ＝ 路線価 × 奥行価格補正率 × 不整形地補正率などの各種画地補正率

× 規模格差補正率 × 地積（㎡）

＜その他、利用価値が著しく下がる土地＞

　ほかにも、高圧線の下にある土地、線路や工場が近くにあって騒音がひどい土地、崖や高い建物の陰になって日当たりが悪い土地、土壌汚染がある土地、地下鉄などの上にある土地、埋蔵文化財がある土地などは、本来の評価額より10％〜50％減額されることがあります。

29. 他人に貸していて、他人が建物を建てている土地の評価はどうなる？

「貸宅地」として、自分で使っている土地（更地）に比べ借地権の評価の分だけ安くなります。

●他人に貸していて、他人が建物を建てている土地が「貸宅地」

　他人に貸していて、そこに他人が建物を建てている土地を「貸宅地」といいます。貸宅地は、自分で使っている土地（自用地）に比べ利用が制限されるため、借地権の評価額の分だけ安くなります。

貸宅地の相続税評価 ＝
　　　　自用地の評価額 ×（1 － 借地権の評価割合）

「借地権割合」は国税庁が地域や立地ごとに設定しており、国税庁のホームページにある路線価図や評価倍率表で確認できます。住宅地の借地権割合は、自用地（更地）の30％ないし70％です。

図表31　自用地、貸家建付地［Q30.90頁参照］、貸宅地の所有関係

	土地所有者	建物所有者	建物用途
自用地	本人	本人	自宅
貸家建付地	本人	本人	アパート、賃貸マンションなど
貸宅地	本人	第三者	―

30. 自分の土地にアパートや賃貸マンションを建てている場合、土地の相続税評価額はどうなる？

「貸家建付地」として、エリアごとに定められた借地権と借家権の割合に応じて減額されます。

●他人に貸すための自己所有建物が建っている土地

相続税では、土地と建物は別々の不動産として評価します。

土地については、何も建っていない更地の状態が最も利用しやすく、価値が高いとされます。「路線価方式」における相続税路線価（さらにいえば「公示地価」）も更地を前提として評価されています。

また、土地の所有者が自分で建てた建物がある場合も、通常は自分の判断で撤去し、自由に土地を使えるので、更地と同様として扱われます。

しかし、アパートや賃貸マンション、貸家など他人に貸すための建物が建っている土地となると話は別です。

「相続評価基本通達」では、こうした土地を「貸家建付地」と呼びます。「貸家建付地」は、土地とその上に建っている建物の所有者は同じであることが前提です。

「貸家建付地」の場合、土地の上にある建物は他人（第三者）が利用しており、通常は借家権があり、建物（および土地）の所有者の都合ですぐ立ち退いてもらうわけにはいきません。土地の利用にも一定の制約がかかるため、相続税の評価は低くなるのです。

そこで、「貸家建付地」については、次の算式で計算する

ことになっています。

貸家建付地の評価額 ＝ 自用地としての価額
**　ー（自用地としての価額 × 借地権割合 × 借家権割合）**

「借地権割合」と「借家権割合」は国税庁が地域や立地ごとに設定しており、国税庁のホームページにある路線価図や評価倍率表で確認できます。

　住宅地の借地権割合は60％や70％が多く、借家権割合は現在、全国一律30％となっています。

　以上のことから、相続税の評価において、満室のアパートなどの敷地は、更地や自用地に比べ18％ないしは21％の減額となることが多いとされます。

31. アパートや賃貸マンションを建てている土地は、入居率によっても相続税評価額が変わる？

> 建物に複数の独立した住戸がある場合、それぞれの住戸が賃貸されているかどうかという「賃貸割合」も考慮されます。

●空室が一時的なものと判断されればOK

「貸家建付地」の評価額は基本的に、自用地の評価額から借地権割合と借家権割合を乗じた割合を控除したものですが、アパートや賃貸マンションのように、建物に複数の独立した住戸がある場合、それぞれの住戸が賃貸されているかどうか（空室かどうか）という「賃貸割合」も考慮されます。

貸家建付地の評価額 ＝ 自用地としての価額 － （自用地としての価額 × 借地権割合 × 借家権割合 × 賃貸割合）

$$賃貸割合 ＝ \frac{Aのうち課税時期において賃貸されている各独立部分の床面積の合計（B）}{当該家屋の各独立部分の床面積の合計（A）}$$

基本的に、全住戸の床面積に対して満室になっている住戸の床面積の割合しか、貸家建付地として評価は下がりません。

ただ、相続税の課税時期（被相続人の死亡の日）において、図表32の判断基準から総合的に判断し、一時的に賃貸されていなかっただけだと認められる場合には、その面積を上記（B）に加えます。

図表32 「貸家建付地」の評価における一時的空室部分の判断基準

（1）各独立部分が課税時期前に継続的に賃貸されてきたものであること
（2）賃借人の退去後速やかに新たな賃借人の募集が行われ、空室の期間中、他の用途に供されていないこと
（3）空室の期間が、課税時期の前後の例えば1カ月程度であるなど、一時的な期間であること
（4）課税時期後の賃貸が一時的なものではないこと

ここが
ポイント!

無償で貸している場合は、入居者がいても空室とみなされる。
また、貸家に隣接する駐車場の土地については、貸家の住民
専用であれば「貸家建付地」として扱われる。

32. 貸駐車場にしている土地の評価はどうなる？

> 青空駐車場として貸している場合、フェンス等を設置して
> も、原則としては更地（自用地）として評価されます。

●貸駐車場は宅地ではなく雑種地として評価

　基本的に、土地をそのままの状態で青空駐車場として貸し
ている場合、フェンス等を設置したりしても、相続税では更
地（自用地）として評価されます。

　貸駐車場は、その場所で自動車の保管を引き受ける契約で
あり、土地の利用そのものを目的とした賃貸借契約とは異な
ります。そのため、駐車場の利用権が土地に及ばないと考え
られるからです。

　なお、駐車場として利用されている土地はほとんどの場合、
宅地ではなく雑種地として評価されます。

　雑種地の価額は、その雑種地と状況が類似する付近の土地
について評価した1平方メートルあたりの価額をもととし、
その土地とその雑種地との位置、形状等の条件の差を考慮し
て評定した価額に、その雑種地の面積を掛けて評価します。

　ただし、車庫などの施設を駐車場の利用者の費用で造るこ
とを認めるような契約の場合には、土地の賃貸借（貸宅地）
になり、その土地の自用地としての価額から、賃借権の価額
を控除した金額によって評価します。

　また、アスファルト舗装やコインパーキング用の設備など
を設置した場合、一定の要件を満たせば「小規模宅地等の特
例」不動産貸付用［Q38.104頁参照］による評価減の適用が
受けられることがあります。

33. 宅地の評価が大幅に減額される「小規模宅地等の特例」ってどういうもの？

相続税を払うため自宅や事業用の土地を売らなければならないようなケースを避けるために設けられた特例です。

●「住宅用」「事業用」「不動産貸付用」の3パターン

　実際に相続税の計算において土地の評価を行う際、とりわけ重要なのが「小規模宅地等の特例」です。

　これは、相続開始の直前において被相続人または被相続人と生計を一にしていた被相続人の親族の居住用や事業用に供されていた宅地等のうち一定のものについては、一定の面積まで大幅に評価額を減額するというものです。

　その目的は、国民の生活の安定と事業の継続のためとされます。相続財産に現預金が少ない場合、相続税を納めるために自宅や事業用の土地を売らなければならず、その後の生活や事業に支障をきたすケースも考えられます。そうしたことを避けるため、自宅や事業用の土地については、大幅に相続税の評価額を下げることにしたのです。

「小規模宅地等の特例」には、土地の種類などにより「住宅用」[Q34.98頁参照]、「事業用」「不動産貸付用」[Q37.103頁参照]があり、図表33のとおり、それぞれ要件や限度面積、減額割合が異なります。

図表33 「小規模宅地等の特例」の概要

土地の種類	主な条件	面積上限	減額割合
住宅用 ・特定居住用宅地等	（1）配偶者が取得：無条件 （2）同居していた親族が取得 　　　申告期限まで継続保有・継続居住 （3）持ち家なしの別居親族（家なき子）が取得 　　①（1）の配偶者および（2）の同居法定相続人がいない 　　②相続開始前3年以内に一定の者が国内に保有する家屋（持ち家）に居住したことがない 　　③相続開始時に居住していた家屋を過去に所有したことがない 　　④申告期限まで継続保有	330㎡	80％
事業用 ・特定事業用宅地等 ・特定同族会社事業用宅地等	①親族（特定同族会社の役員である親族）が取得 ※特定事業用宅地等は、相続開始前3年以内供用の事業用地は除く ②申告期限まで継続保有・継続事業	400㎡	80％
不動産貸付用 ・貸付事業用宅地等	①親族が取得 ②相続開始前3年以内供用の貸付用事業用宅地は除く ③申告期限まで継続保有・継続事業	200㎡	50％

●一定の限度で複数の土地について適用を受けることも可能

　なお、「住宅用」「事業用」「不動産貸付用」にそれぞれ当てはまる土地がある場合、それぞれが適用される宅地の面積を次の算式の範囲内で算定することができます。

$$A \times \frac{200}{330} + B \times \frac{200}{400} + C \leqq 200㎡$$

A：特定居住用宅地等
B：特定事業用・特定同族会社事業用宅地等
C：貸付事業用宅地等

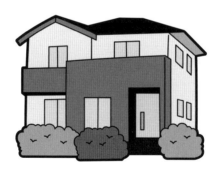

34. 「小規模宅地等の特例」住宅用の要件とは？

配偶者、同居親族、持ち家なしの別居親族（家なき子）が取得する必要があります。

●誰が相続するかによって要件が異なる

「小規模宅地等の特例」のうち、最もよく利用されるのが、住宅用である被相続人等の居住用に供されていた「特定居住用宅地等」のパターンです。

　典型的なのは、被相続人の自宅に同居していた親族（配偶者または子など）が、被相続人の自宅をそのまま相続する場合です。

「特定居住用宅地等」に当てはまれば、自宅の敷地のうち330㎡までの部分について、相続税評価額が80％減額されます。

　ただし、適用の要件は図表34のようにかなり細かく定められており、特に誰が相続するかによって要件が異なる点には注意が必要です。

図表34　「特定居住用宅地等」の要件

区分	特例の適用要件	
	取得者	取得者等ごとの要件
被相続人の居住の用に供されていた宅地等	被相続人の配偶者	なし
	被相続人の居住の用に供されていた一棟の建物に居住していた親族	相続開始の直前から相続税の申告期限まで引き続きその建物に居住し、かつ、その宅地等を相続開始時から相続税の申告期限まで有していること

	上記以外の親族（いわゆる「家なき子」）	次の（1）から（6）の要件をすべて満たすこと（一定の経過措置がある） （1）居住制限納税義務者または非居住制限納税義務者のうち日本国籍を有しない者ではないこと （2）被相続人に配偶者がいないこと （3）相続開始の直前において被相続人の居住の用に供されていた家屋に居住していた被相続人の相続人（相続の放棄があった場合には、その放棄がなかったものとした場合の相続人）がいないこと （4）相続開始前3年以内に日本国内にある取得者、取得者の配偶者、取得者の三親等内の親族または取得者と特別の関係がある一定の法人が所有する家屋（相続開始の直前において被相続人の居住の用に供されていた家屋を除く）に居住したことがないこと （5）相続開始時に、取得者が居住している家屋を相続開始前のいずれのときにおいても所有していたことがないこと （6）その宅地等を相続開始時から相続税の申告期限まで有していること
被相続人と生計を一にしていた被相続人の親族の居住の用に供されていた宅地等	被相続人の配偶者	なし
	被相続人と生計を一にしていた親族	相続開始前から相続税の申告期限まで引き続きその家屋に居住し、かつ、その宅地等を相続税の申告期限まで有していること

35. 被相続人が老人ホームに入っていた場合でも、自宅の土地は「小規模宅地等の特例」の対象になるの?

要介護認定や要支援認定を受けているなど、一定の事由が認められれば「小規模宅地等の特例」の対象になります。

●親以外の人が住むと対象外になるので注意

「小規模宅地等の特例」のうち、「特定居住用宅地等」のパターンでは基本的に、相続開始の直前に、被相続人がその土地に住んでいることが必要です。

しかし、最近は老人ホームなどに入居し、そこで看取りを迎えるケースや病院へ移って亡くなるケースが増えています。

そうしたケースでも、次のような事由が認められれば、「小規模宅地等の特例」の対象となります。

(1)被相続人が要介護認定もしくは要支援認定を受け、グループホームや有料老人ホーム、介護医療院、サービス付き高齢者向け住宅などに入居していた場合

(2)被相続人が障害支援区分の認定を受け、障害者支援施設などに入居していた場合

ここが
ポイント!

被相続人が老人ホームなどへ移ったあと、その自宅を事業の用または新たに被相続人と生計を一にしていた親族以外の人の居住の用に供した場合は適用除外となるので注意。

36. 借家に住んでいたら、被相続人と同居していなくても「小規模宅地等の特例」が使えるってホント？

> 被相続人と同居していなかった相続人でも、借家に住んでいれば「小規模宅地等の特例」が使える場合があります。

●「家なき子」の特例

「小規模宅地等の特例」のうち、「特定居住用宅地等」のパターンでは、被相続人と同居していた親族が、被相続人の自宅を相続するケースが一般的です。

ただし、被相続人と同居していない親族でも、一定の要件を満たした場合は適用を受けられることがあり、これを「家なき子」の特例と呼んでいます。

「家なき子」の特例の要件としては、次の（1）から（6）をすべて満たすことが必要です。

図表35 「家なき子」の特例の要件

（1）居住制限納税義務者または非居住制限納税義務者のうち日本国籍を有しない者ではないこと
（2）被相続人に配偶者がいないこと
（3）相続開始の直前において被相続人の居住の用に供されていた家屋に居住していた被相続人の相続人（相続の放棄があった場合には、その放棄がなかったものとした場合の相続人）がいないこと
（4）相続開始前3年以内に日本国内にある取得者、取得者の配偶者、取得者の3親等内の親族または取得者と特別の関係がある一定の法人が所有する家屋（相続開始の直前において被相続人の居住の用に供されていた家屋を除く）に居住したことがないこと
（5）相続開始時に、取得者が居住している家屋を相続開始前のいずれのときにおいても所有していたことがないこと
（6）その宅地等を相続開始時から相続税の申告期限まで有していること

ここが
ポイント!

2020年（令和2年）4月以降、要件が厳格化されている。
下記のようなケースでは、適用が受けられないので注意。

① 図表35（4）のケース

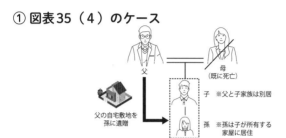

2020年3月31日以前	2020年4月1日以降
孫は相続開始前3年以内に自己または自己の配偶者が所有する家屋に居住したことがないため適用あり	孫は3親等内の親族（子）が所有する家屋に居住しているため適用なし

② 図表35（5）のケース

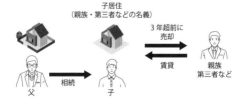

2020年3月31日以前	2020年4月1日以降
子は相続開始前3年以内に自己または自己の配偶者が所有する家屋に居住したことがないため適用あり	子は相続開始時に居住していた家屋を過去に所有していたことがあるため適用なし

37. アパートや賃貸マンションの土地でも「小規模宅地等の特例」不動産貸付用が使える？

一定の要件を満たした場合、200㎡までの部分について相続税評価額が50％軽減されます。

● 2018年4月以降は相続前3年以内の貸付開始は対象外

「小規模宅地等の特例」には、不動産貸付用の宅地として「賃貸事業用宅地等」というパターンもあります。

このパターンの場合、対象となる土地面積は200㎡まで、相続税評価減の割合は50％であり、他のパターンより評価減となる程度は少ないですが、それでも適用を受けられればとても有利です。主な要件は次のとおりとなっています。

図表36 「小規模宅地等の特例」不動産貸付用の「賃貸事業用宅地等」の主な要件

（1）相続税の申告期限まで貸付事業を継続して行うこと
（2）その宅地を相続税の申告期限まで売らずに、保有し続けること
（3）相続開始前3年以内に貸付事業の用に供された宅地でないこと（事業的規模であれば3年以内に供されたものでも適用可）

ここが
ポイント！

上記（3）のケースは2018年4月1日以降に発生した相続に適用されるので注意

相続開始の日まで3年を超えて引き続き事業的規模で貸付事業を行っていた	左記以外
適用あり	適用なし

38. 貸駐車場として使っている土地も「小規模宅地等の特例」不動産貸付用が使えるの？

敷地上にアスファルトや機械式装置などの「構築物」があることが必要です。青空駐車場は対象外です。

●貸駐車場業を行うための資本投下がポイント

「小規模宅地等の特例」不動産貸付用における「貸付事業用宅地等」のパターンでは、アパートや賃貸マンションの敷地のほか、駐車場や自転車駐輪場なども当てはまることがあります。

　注意すべきなのは、貸駐車場の敷地上にアスファルトや機械式装置などの「構築物」があることが必要だということです。区画を示すロープなどを張っただけの、いわゆる"青空駐車場"は対象とはなりません。

　また、砂利や芝生などは、「構築物」と呼べるかどうか判断が難しく、実際には貸駐車場業を行うため、資本を投下して設置しているか否かがポイントになります。

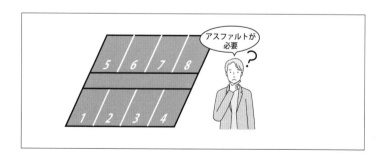

39. 建物の相続税評価額はどうやって決めるの？ 見た目で変わったりするの？

相続税における建物（家屋）の評価は固定資産税評価額と同額。ただし、大規模リフォームをした場合は要注意！

●固定資産税評価額は納税通知書に記載

国税庁の「財産評価基本通達」では、相続税における建物（家屋）の評価については固定資産税評価額に1.0を乗じて計算するとしています。つまり、固定資産税評価額と同額となり、土地（宅地）の評価に比べるとそれほど複雑ではありません。

固定資産税評価額は、毎年、市区町村から送られてくる固定資産税の納税通知書に記載されています。

建物（家屋）の相続税評価額 ＝ 固定資産税評価額 × 1.0

●相続直前の増築や大規模リフォームは加算が必要

注意すべきなのは、相続開始の直前に増築を行った場合や、大規模なリフォームを行った場合です。こうした場合、建物の固定資産税評価額はある程度アップしますが、評価の見直しは3年ごとなので、一定期間は反映されないままです。

その間に相続が発生した場合、元の固定資産税評価額に基づき家屋の評価を行い申告してしまうと、低い評価額のまま申告することになってしまいます。正しくは、増改築した部分の価額を加えて申告する必要があるのです。

どれくらい加算するかですが、近隣に増改築をした家屋と同じような状況にある家屋があれば、その固定資産税評価額をもとに、構造・経過年数・用途等の差を考慮して算出します。

　実際には、近隣でそうした家屋を探すのは無理でしょうから、次により評価します。

増改築した部分の評価額＝｛リフォーム費用 －
（リフォーム費用×90％×経過年数／耐用年数）｝× 70％

建物自体の価値に影響を与えない現状維持のための修繕工事や、建物の固定資産税の対象とならない内装工事等については、加算の対象とはならない。

40. 相続開始前の自宅や貸アパートのリフォームは、相続税の節税対策になる？

> 必要とされている自宅のリフォームや、入居率を上げるためのアパートなどのリフォームは、相続税の節税対策になるといえるでしょう。

●資産的価値を上げるリフォームは相続財産に

　相続開始前のリフォームが流行っているようです。一部のリフォーム会社などは、

①相続財産である預金を有効活用できる（財産の減額）

②リフォーム工事費用は相続財産にならない

③家族は大満足

　といった論法で、大規模リフォームを勧めているようです。

　この場合、すぐさま固定資産税評価額がアップしないリフォームであっても、現状維持のための修繕工事でなければ、その一定額を相続財産として計上する必要があります。［Q 39.105頁参照］

　なお、相続財産となる預金からリフォーム代金を支払えば、その分だけ将来の相続財産の額から減額されることになります。また、相続財産の価額として固定資産税評価額に上乗せする金額は、リフォーム代金から減価償却額を控除した価額の100分の70に相当する金額となることから、同居する家族が自宅家屋のリフォームを希望しているのであれば、そのリフォーム代金は相続税の節税対策になるといえるでしょう。

●アパートのリフォームは入居率アップや評価額を下げる効果

　築年数がある程度経過し、そのことにより入居率が低くなっているアパートや賃貸マンションを所有されている方もいらっしゃるでしょう。

　アパートや賃貸マンションの相続税評価は、入居率が高いほど土地と建物の評価額が下がり、相続税が安くなります。
［Q31.92頁、Q41.109頁参照］

　また、築年数による修繕費が嵩むことも想定されます。

　そこで、相続財産となる預金からリフォーム代金を支払い、将来の相続財産を減らすとともに、リフォームによって入居率がアップすれば、それだけ相続税評価額が軽減されます。これもまた、相続税の節税対策になるといえるでしょう。

41. 人に貸している建物は、自分で住んでいるより評価が下がるってホント？

> 固定資産税では貸家かどうかで評価額は変わりませんが、相続税では借家権を考慮して評価額が下がります。

●複数の住戸がある場合は賃貸割合も考慮

　相続税における建物（家屋）の評価は、固定資産税の評価額と同じです。

　ただし、アパートや賃貸マンションなど貸家の用に供されている建物（家屋）については、自分で使っている場合に比べて、固定資産税の評価額から一定の減額が行われます。この点は、固定資産税と相続税で評価の考え方が異なるところです。

　固定資産税においては、自分で使っている場合と人に貸している場合で、建物（家屋）の評価額が異なることはありません。

　それに対して相続税では、建物（家屋）を人に貸すと、借りている人には借家権が発生し、貸している所有者からすると所有権に制限が生じていると考えます。

　そこで、エリアごとに国税庁が設定している借家権割合を乗じた価額を、固定資産税評価額から差し引いて評価することにしています。現在、借家権割合は全国一律30％です。ただし、無償で貸している場合、自用家屋と同じ評価となります。

　また、アパートや賃貸マンションのように一棟の建物に複

数の住戸がある場合は、貸している住戸の床面積の割合（賃貸割合）をさらに考慮し、次のように計算します。

貸家の相続税評価額 ＝ 自用家屋の固定資産税評価額 －
（自用家屋の固定資産税評価額×借家権割合×賃貸割合※）

※賃貸割合は、その貸家の各独立部分の床面積の合計（A）に占める
　賃貸されている各独立部分の床面積の合計（B）の割合です。［Q
　31.92頁参照］
　なお、一時的に賃貸されていなかっただけと認められる場合は、そ
　の面積を（B）に加えます。［Q 31.92頁参照］

図表37　相続税における自用家屋と貸家の評価額

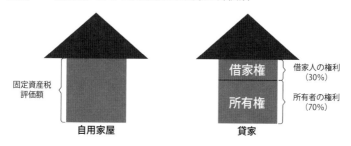

42. 上場株式は、どう評価される?

上場株式は、「相続開始日の最終価格」「その月の平均額」
「その前月の平均額」「その前々月の平均額」の4つのう
ち最も低い単価で評価します。

●相続開始日が権利落ち直後の場合は権利落ち前日の最終価格

　相続税の計算において、上場株式は株式市場における取引
価格がはっきりしているので、それほど難しくはありません。

　ただし、株式市場におけるいつの時点の価格かについては、
いくつかの選択肢が考えられます。そこで、図表38のよう
に4つの価格のなかから最も安い価格を単価として選択し、
その単価に株数をかけて評価することになっています。

　なお、課税時期に最終価格がない場合やその株式に権利落
ちなどがあるときは、一定の修正を行います。

図表38　上場株式の評価における4つの単価
① 課税時期（相続が開始した日）の最終価格
② 課税時期の月の毎日の最終価格の平均額
③ 課税時期の月の前月の毎日の最終価格の平均額
④ 課税時期の月の前々月の毎日の最終価格の平均額

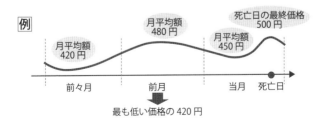

43. 投資信託は、どう評価される？

投資信託は、相続開始時点で換金したものとして評価します。

●外貨建ての場合はTTBで評価

近年、個人の資産運用において普及しているのが「投資信託」です。

相続税において投資信託の評価は、相続開始日において解約請求（または買取請求）をした場合に、支払を受けることができる価額により行います。

なお、外貨建てMMFなど外国債券の場合、外貨ベースで日本の債券と同様の方法で相続税評価の計算を行い、その後、相続時点の為替レート（TTB：対顧客直物電信買相場）で円貨換算を行います。

図表39 投資信託の評価の仕方

(1)日々決算型の投資信託	MMFなど毎日決算を行う日々決算型の投資信託は次の算式で評価します。 **1口あたり基準価額×口数＋再投資されていない未収分配金（A）−（A）につき課税されるべき所得税相当額−解約手数料・信託財産留保額（消費税込）**
(2)上場されている投資信託	上場株式の評価方法［Q42.111頁参照］と同じように評価します。
(3)その他の投資信託	その他の投資信託は、以下の算式で評価します。 **1口あたりの基準価額×口数−課税時期に解約請求した場合に課税される所得税相当額(※)−解約手数料・信託財産留保額（消費税込）** ※課税時期時点で該当の証券投資信託の投資において、利益がある場合課税されます

44. 利付債や割引債は、どう評価される？

「時価」で評価するのが基本ですが、「財産評価基本通達」において、それぞれの金融商品の仕組みや特徴に応じて細かく決められています。

●実際に取引している証券会社に時価情報を依頼

相続税の対象となる金融資産としては、上場株式や投資信託以外にもいろいろなものがありますが、そうした金融商品も「時価」で評価するのが基本です。

ここでは利付債と割引債について簡単に見ておきます。

＜利付債＞

利付債とは、定期的に利息（クーポン）が支払われ、満期になると券面額が払い戻されるものです。

その相続税評価は次のようになります。

図表40　利付債の評価の仕方

(1) 金融商品取引所に上場されている利付債	評価額＝（課税時期の最終価格＋源泉所得税相当額控除後の既経過利息の額）×券面額/100円
(2) 上場はしていないものの売買参考統計値が公表されている利付債	評価額＝（課税時期の平均値＋源泉所得税相当額控除後の既経過利息の額）×券面額/100円
(3) その他の利付債	評価額＝（発行価額＋源泉所得税相当額控除後の既経過利息の額）×券面額/100円

＜割引債＞

割引債は、券面額を下回る価額で発行され、満期には券面額で償還される債券です。券面額と発行価額との差額（償還差益）が利子に相当します。

その相続税評価は次のようになります。

図表41　割引債の評価の仕方

（1）金融商品取引所に上場されている割引公社債	評価額＝課税時期の最終価格×券面額/100円
（2）上場はしていないものの売買参考統計値が公表されている割引債	評価額＝課税時期の平均値×券面額/100円
（3）その他の割引債	評価額＝{発行価額＋（券面額－発行価額）×（発行日から課税時期までの日数）/（発行日から償還期限までの日数）}×券面額/100円

$45.$ 仕組債は、どう評価される？

仕組債は、通常はその額面金額で評価するものの、ノックインしたものであれば注意が必要です。

●額面金額での満期償還予定だが、約束されているわけではない

　近年、証券会社のみならず銀行において、定期預金や国債の代わりに、一定のリスクはあるものの高利回りを売りとした「仕組債」が積極的に販売されています。

「仕組債」とは、スワップやオプションなどのデリバティブ（金融派生商品）を利用することにより、投資家や発行者のニーズに合うキャッシュフローの実現を目指した債券です。

　仕組債の代表的なものとして、日経平均株価など株価指数に連動して償還金額・利率が変動する「株価指数連動債」や、投資した資金が償還時に発行体以外の株式（他社上場株）に転換されて償還される可能性のある「EB債」があります。

　仕組債は3年や5年など満期償還日が定められ、中途換金・売買はできず、日経平均株価や参照銘柄の価格が一定の範囲内で推移すれば通常の債券と同じような運用となります。

　ただし、判定日に日経平均株価や参照銘柄の価格が決められた水準を上回れば償還日より前に償還されたり（株価指数連動債）、また、参照銘柄の価格が決められた水準（ノックイン判定水準）以下となれば償還時に元本割れとなった価額での償還（株価指数連動債）や、他社上場株式での償還（EB債）になったりします。

仕組債の評価に関する財産評価通達上の規定はありません
が、その商品の特徴から、通常はその額面金額での評価とな
るでしょう。
　しかし、その仕組債が相続開始日まで保有期間中に一度で
もノックインしていた場合には、その仕組債の評価は次の場
合によるものと考えられます。

（1）保有期間中にノックインしたことがあるものの、相続開
　　始日においては行使価格を上回っている場合
　　…額面金額で評価
（2）保有期間中にノックインし、かつ、相続開始日において
　　も行使価格を下回っていた場合
　　…（EB債：償還日に交付される株式の）相続開始日にお
　　　ける評価額

46. ファンドラップは、どう評価される？

ファンドラップの評価は、相続開始日における口座内の個々の株式や投資信託ごとに行います。

●複数の株式や投資信託を一つの口座で運用

ファンドラップとは、投資家が証券会社などに一定以上の資金を預けて口座を開き、投資一任契約を結んで、資産運用アドバイザーと相談しながら、実際の資産管理・運用を任せる金融商品です。

ファンドラップでは、一つの口座内で株式や投資信託を運用します。

したがって、ファンドラップの相続税評価については、相続開始日における口座内の個々の株式や投資信託ごとに、通常の株式や投資信託と同様の方法で評価することとなります。

実際には、取引している証券会社に相続税評価のための時価情報を依頼すればよいでしょう。

なお、ファンドラップによっては契約書において、「お客様の死亡を確認した場合、投資一任契約を解除します」としているケースもあり、その場合、評価対象となる相続財産は株式や有価証券であっても、相続人が取得する財産は金銭となる場合も生じます。

47. 孫名義でしていた預貯金（名義預金）は相続税の対象外？

名義は親族の名前でも、実質は被相続人が資金を負担していたような場合は「名義預金」として、相続税の対象となります。

●家族や孫名義の預貯金でも相続財産になるケース

相続税がかかる相続財産のうち、預貯金でよく問題になるのが「名義預金」です。

「名義預金」とは、口座名義は被相続人とは別の親族の名前になっているものの、実質的には被相続人が所有していた財産（相続資産）とされるものです。

「名義預金」にあたるかどうかは、

　①その預金に預けられている資金を誰が出しているか（出資者は誰か）

　②通帳や印鑑の管理は誰がしていたのか（管理者は誰か）

　③出金していた場合は誰が使っていたか（利益の享受者は誰か）

などにより判定します。

例えば、親が子のために子の名義でつくった定期預金、専業主婦の妻が夫の収入から生活費として受け取ったお金から"へそくり"として貯めていた口座などが当てはまります。

また、孫のためにと孫名義で積み立てている預金なども当てはまります。

つまり、預貯金はその名義にかかわらず、被相続人が資金

を出し、管理・運用していたと認められる場合は、被相続人の財産として相続税の課税対象となります。

　同じように、被相続人の名義になっていない株式、公社債、貸付信託や証券投資信託の受益証券等であっても、被相続人が資金を出し、管理していたものなどは、相続税の申告に含める必要があります。

　税務調査では、被相続人名義の財産だけではなく、相続人や孫などの親族名義の預金も調べられます。［Q76.194頁参照］

●名義預金を避けるには生前贈与を利用

　税務署から名義預金と認定されないためには、生前贈与を利用するのがいちばん簡単です。

　被相続人と親族の間で贈与を行い、そのうえで贈与を受けた親族名義の口座に貯金すればいいのです。贈与税（暦年課税）には、年間110万円の非課税枠があるので、その範囲内であれば申告も不要です。［Q64.161頁参照］

　ただし、いくら生前贈与でつくった口座だといっても、証拠がなければ否認される可能性もあるので、実務上は贈与契約書を作成しておくとよいでしょう。

　ほかにも、被相続人と相続人の銀行届出印は違うものを使用する、届出印・通帳・キャッシュカードは名義人の責任で管理する、そして名義人がいつでも自由に引き出せるようにしておくことも忘れずに実行しましょう。

第 4 章

相続人や引き継ぐ
財産によって
計算が変わる
相続税の「制度」

48. 相続人が受け取る死亡保険金や死亡退職金などは、相続税の対象にはならないのでは？

死亡保険金や死亡退職金などは「みなし相続財産」として、相続税の対象になります。

●死亡保険金は、被相続人が被保険者で保険料を負担している場合に課税対象

　民法上、相続の対象となるのは、亡くなった人（被相続人）の財産に限られます。被相続人の死亡をきっかけに、相続人が受け取ることになった死亡保険金や死亡退職金などは、被相続人の財産には含まれません。したがって、遺産分割協議の対象にもなりません。

　しかし、相続税の課税の公平性の観点から、被相続人の財産と合わせて、相続税の課税対象とされる財産（みなし相続財産）がいくつかあります。

　死亡保険金や死亡退職金も、「みなし相続財産」として、相続税の課税対象となるのです。

（1）退職手当金等（死亡退職金）

　被相続人の死亡により被相続人に支給されるべきであった退職手当金、功労金その他これらに準ずる給与で、被相続人の死亡後3年以内に支給が確定したものを相続人または相続人以外の者が取得した場合が当てはまります。支給されるものが、金銭であるか、物または権利であるかを問いません。

　ただし、勤務先から贈られる弔慰金は、次の額までの支給

額は非課税となっています。

①被相続人の死亡が業務上の死亡の場合 …

普通給与の３年分の金額

②被相続人の死亡が業務上の死亡以外の場合 …

普通給与の半年分の金額

（２）生命保険契約に関する権利（死亡保険金）

　被相続人が保険の対象者（被保険者）および保険料の負担者（保険の契約者）である生命保険において、交通事故や病気などで被保険者が死亡した場合、受取人が被保険者の相続人であるときは相続により取得したものとみなされ、相続人以外の者が受取人であるときは遺贈により取得したものとみなされ、いずれの場合も「みなし相続財産」として、相続税の課税対象になります。

ここが
ポイント!

死亡保険金や死亡退職金には、それぞれ、相続人一人あたり500万円の控除額（非課税限度額）がある。[Q49.124頁参照]また、死亡保険金でも、保険の対象者（被保険者）および保険料の負担者（保険の契約者）が被相続人でない場合、所得税や贈与税の対象となる場合がある。[Q50.126頁参照]

49. 死亡保険金や死亡退職金の税額はどう計算するの？ 節税対策になるというのはホント？

死亡保険金と死亡退職金にはそれぞれ、相続人一人あたり500万円の控除額（非課税限度額）があります。

●相続人として認められる人数には注意

「みなし相続財産」のうち、退職手当金等（死亡退職金）と生命保険金に関する権利（死亡保険金）については、それぞれ別に、法定相続人一人あたり500万円の控除額（非課税限度額）が設けられています。

ただし、非課税限度額を計算するにあたって、法定相続人の数は民法上の扱いとは異なります。相続の放棄をした人がいても、その放棄がなかったものとした場合の相続人の数で計算するのです。あるいは、法定相続人のなかに養子がいる場合、法定相続人の数に含める養子の数は、実子がいるときは1人、実子がいないときは2人までとされます。［Q16.47頁参照］

なお、法定相続人の数には、内縁の配偶者などは含まれません。

死亡退職金の非課税限度額 ＝ 500万円 × 法定相続人の数
死亡保険金の非課税限度額 ＝ 500万円 × 法定相続人の数

また、死亡退職金と死亡保険金に関する権利について、各相続人が課税される金額は次のように計算します。

実際に死亡退職金または死亡保険金を受け取った法定相続人が1人であっても、非課税限度額は法定相続人全員の人数分だけ控除されることになります。

図表42　死亡退職金と死亡保険金について課税される金額

＜死亡退職金＞

$$\substack{課税される \\ 死亡退職金額} = \substack{その相続人が受け \\ 取った死亡退職金} - \substack{非課税 \\ 限度額} \times \frac{その相続人が受け取った死亡退職金}{すべての相続人が受け取った死亡退職金}$$

＜死亡保険金＞

$$\substack{課税される \\ 死亡保険金金額} = \substack{その相続人が受け \\ 取った死亡保険金} - \substack{非課税 \\ 限度額} \times \frac{その相続人が受け取った死亡保険金}{すべての相続人が受け取った死亡保険金}$$

ここが
ポイント!

死亡保険金は左記のように、法定相続人の人数×500万円が控除されるので、例えば法定相続人が妻と子2人の3人である場合、死亡保険金から1500万円を控除した額が相続財産となる。よって、預貯金や現金の一部を生命保険にシフトすることで、相続税の節税につながる。

50. 死亡保険金は、保険料の負担者や保険の対象者などによって税金が異なるってどういうこと？

保険契約者（保険料の負担者）、被保険者（保険の対象者）、保険金受取人が誰かによって、相続税ではなく贈与税、所得税がかかる場合があります。

●保険契約者と被保険者が被相続人、受取人が相続人なら「みなし相続財産」

「みなし相続財産」のうち、死亡保険金については、どのようにかけられていたかによって、相続税ではなく別の税金がかかるケースもあります。

具体的には、次の3者の組み合わせがどうなっているかがポイントです。

図表43　生命保険における関係者

①保険契約者（保険料の負担者）
②被保険者（保険の対象者）
③保険金受取人

①の保険契約者は、保険会社と保険契約を締結し、保険料を支払う人のことです。保険契約上の各種権利（解約権など）や義務（保険料支払、告知義務）を有しています。

②の被保険者は、生命保険の対象として保険がかけられている人のことです。

③の保険金受取人は、被保険者が亡くなった際、死亡保険金を受け取ることができる人のことです。契約者が指定する

か、指定がない場合は被保険者の法定相続人がなります。

　以上を踏まえたうえで、次の３つのケースに分けられます。

　第一に、①保険契約者と②被保険者が亡くなった人（被相続人）になっている場合、③保険金受取人（保険契約者が指定した人または法定相続人）が受け取った保険金は「みなし相続財産」となり相続税の課税対象となります。

　なお、③保険金受取人が法定相続人である場合には、法定相続人一人あたり500万円の控除額があります。［Ｑ49.124頁参照］

　第二に、②被保険者が亡くなった人（被相続人）で、他の家族（図表44では妻）が①保険契約者と③保険金受取人になっている場合、③保険金受取人には所得税がかかります。

　自ら負担した保険料によって、保険金を受け取っているためです。

　第三に、②被保険者が亡くなった人（被相続人）で、他の家族（図表44では妻）が①保険契約者となり、さらに③保険金受取人が別の家族（図表44では子）となっている場合、③保険金受取人には贈与税がかかります。他人が負担した保険料によって、保険金を受け取っているためです。

　相続税、所得税、贈与税がかかる人は、それぞれ所定の期間内に税務署に申告し、必要な場合は税金を支払う必要があります。

　このように、死亡保険金については、誰に保険をかけ、誰が保険料を負担し、誰が保険金を受け取るかによって、税金

の扱いが異なります。加入にあたっては、その点をよく確認することが欠かせません。

図表44　死亡保険金のかけ方による税金の違い（夫が死亡した場合）

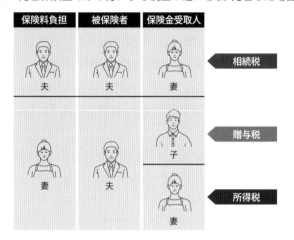

　重要なのは、保険契約者（保険料負担者）が実質的に誰かということ。図表44の下のケースでも、保険料が夫の財産から支払われているのであれば、夫が亡くなったことにより支払われる保険金は、名義財産［Q47.118頁参照］として相続税の対象になる（図表44の上のケース）。

51. 死亡保険金や死亡退職金のほか、相続財産とみなされるものって何？

被相続人が受け取っていた個人年金を相続人が受け取る場合なども、相続税の対象となります。

●年金といっても国民年金や厚生年金は相続税の対象外

死亡保険金や死亡退職金のほか、次に掲げるものは「みなし相続財産」などとして相続税の課税対象となります。

（1）定期金に関する権利

被相続人が受け取っていた個人年金を相続人が引き続き受け取る場合など、相続開始のときまでに定期金給付事由が発生していない定期金給付契約（生命保険契約を除く）で、①被相続人が掛け金の全部または一部を負担し、かつ、②被相続人以外の者が契約者である場合、相続開始によって契約者が取得したその契約に関する権利のうち、被相続人が負担した掛け金の額に対応する部分が当てはまります。

ここが
ポイント!

被相続人が国民年金や厚生年金を受け取っていた場合、その遺族に対し、遺族年金や未支給年金が支給されることがあるが、いずれも相続税の課税対象にはならない。

（2）信託受益権

遺言によって信託があった場合、信託を委託した人以外の人が、信託からの利益を受ける場合、その利益が当てはまります。

（3）低額の譲り受け

遺言によって、本来の時価よりかなり低い価格で財産を取得したとき、時価と売買価格の差額が当てはまります。

（4）債務の免除

遺言によって、特定の相続人に対する被相続人の債務が免除されたときの免除額が当てはまります。

（5）定期金

被相続人が被保険者でなくとも、被相続人が保険料の支払負担者であった場合の分割受取人の年金型生命保険が当てはまります。この場合、たとえ相続開始したときに年金の給付が開始されていなくても、相続税が課税されます。

52. 相続の前に贈与でもらった財産は、相続税の対象外になるんじゃないの？

相続が開始する前3年以内に被相続人から相続人へ贈与された財産は、「贈与財産の加算」によって相続税の対象となります。

●すでに支払った贈与税は相続税の計算において控除

　贈与とは、当事者の一方（贈与者）が自分の財産を無償で相手方（受贈者）に与える契約の一種です。贈与された財産の所有権は、贈与者から受贈者に移転するので、その後、贈与者が亡くなっても相続財産には含まれないのが原則です。

　しかし、相続税の負担を減らすため、相続の間際になって行われる贈与への対策として設けられているのが、「贈与財産の加算」と呼ばれる制度です。

　これは、相続が開始する前3年以内に被相続人から相続人（推定相続人）に贈与された財産については、相続税の対象になるというものです。推定相続人以外への贈与（孫や子の配偶者など）は原則として、対象外です。

　ただし、推定相続人以外の人が遺言によって財産を遺贈された場合、その人が相続開始前3年以内の贈与を受けていた分は相続税に加算されます。「遺贈」を受けた場合、相続人と同じ扱いになるということです。

「贈与財産の加算」によって相続税の対象になった贈与財産については、すでに支払った贈与税の分だけ、相続税の計算において控除されます。

計算した相続税の額がすでに支払った贈与税の額より低い場合（贈与税のほうが多い場合）、相続税を払う必要はありません。ただし、暦年贈与ではすでに支払った贈与税と相続税の差額は還付されません。一方、相続時精算課税制度では差額が還付されます。

●相続開始前3年以内でも一定の贈与は対象外に

　このルールは推定相続人に対するすべての贈与に適用されるわけではありません。

　次のような場合は、被相続人から推定相続人に対する相続開始前3年以内の贈与であっても、相続税の対象外となります。

図表45　相続開始前3年以内の贈与であっても相続税の対象外になるもの

（1）「贈与税の配偶者控除」の対象となる贈与	贈与税には、夫婦間での居住用不動産の購入資金などの贈与であれば、一定の条件に該当している場合、2000万円まで非課税になる特例がある。この特例の適用を受けている場合は、相続開始前3年以内の贈与であっても、相続税の対象にはならない。［Q69.177頁参照］
（2）直系尊属からの「住宅取得等資金贈与の非課税」の対象となる贈与	一定の条件を満たした居住用の住宅を取得する費用を直系尊属（父母または祖父母）から贈与された場合に、最大1500万円まで非課税となる特例がある。 この特例の適用を受けている場合は、相続開始前3年以内の贈与であっても、相続税の対象にはならない。［Q68.173頁参照］
（3）直系尊属からの「教育資金一括贈与の非課税」の対象となる贈与	直系尊属（父母または祖父母）から30歳未満の子や孫へ教育資金を贈与する際、一定の要件を満たせば最大1500万円まで非課税となる特例に当てはまる贈与の場合、相続開始前3年以内の贈与であっても、相続税に対象にはならない。 ※ただし、2019年4月1日以降の一括贈与については、贈与から3年以内に贈与者が死亡したとき、残額が相続税の課税対象になる。また、2021年4月1日以降の一括贈与については、贈与者が死亡した時点での残額が相続税の対象になる。また、孫には相続税額の2割加算も行われる［Q66.167頁参照］
（4）直系尊属からの「結婚・子育て資金一括贈与の非課税」の対象となる贈与	直系尊属（父母または祖父母）から20歳以上50歳未満の子や孫へ、結婚や子育てのための資金を贈与する際、一定の要件を満たせば最大1000万円まで非課税となる特例に当てはまる贈与の場合、相続開始前3年以内の贈与であっても、相続税に対象にはならない。 ※ただし、2021年4月1日以降からの一括贈与では、孫についての管理残額に相続税額の2割加算が行われる［Q67.170頁参照］

53. 亡くなった人の配偶者は、ほとんど相続税を払わなくて済むといわれるのはなぜ？

「配偶者の税額軽減」により、1億6000万円もしくは配偶者の法定相続分までは非課税となるからです。

●「配偶者の税額軽減」は法律上、婚姻関係にあった者に限定

　実際の相続税の申告では、被相続人の配偶者は相続税を支払わなくても済むことがほとんどです。その理由は、「配偶者の税額軽減」という制度があるからです。

　具体的には、配偶者が相続した課税対象の遺産の額が1億6000万円まで、もしくは配偶者の法定相続分までであれば、相続税が課税されません。

　例えば、配偶者が5億円の遺産を相続した場合でも、遺産相続の割合が法定相続分の範囲内であれば、相続税は課税されません。

図表46　「配偶者の税額軽減」で相続税がかからない場合とかかる場合

＜相続税がかからない場合＞

※配偶者の課税価格が法定相続分もしくは1億6000万円以下

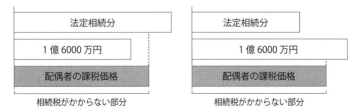

＜相続税がかかる場合＞

※配偶者の課税価格が法定相続分と1億6000万円のいずれ
　よりも多い

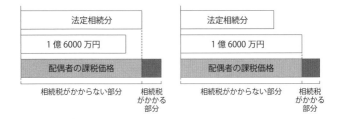

　なお、「配偶者の税額軽減」は、法律上婚姻関係にあった配偶者に限られます。相続開始時点で、内縁関係にあった者や離婚している元配偶者は、仮に遺言等によって財産を相続したとしても、この特例を適用することはできません。

　ただし、相続開始時点で、別居状態にあった場合、離婚調停中であった場合には、この特例を適用することができます。

　「配偶者の税額軽減」の特例を活用するにあたっては、二次相続も考慮することが重要です。［Q55.137頁参照］

　「配偶者の税額軽減」をフル活用して相続税を低くしてしまうと、残された配偶者が亡くなったときに起こる二回目の相続（「二次相続」といいます）時の税負担が高額になってしまうことがある。［Q54.136頁参照］

54. 配偶者がいない二次相続では、相続税の負担が大きくなるといわれるのはなぜ？

一次相続と比べ、二次相続では相続人が一人減り、また「配偶者の税額軽減」が使えないため、どうしても相続税の負担が増えます。

●相続人に配偶者がいる「一次相続」、いない「二次相続」

相続には「一次相続」と「二次相続」があるといわれます。「一次相続」とは、配偶者の一方（例えば夫）が亡くなり、残った配偶者（妻）が相続人になるケースです。

「一次相続」では、配偶者が相続人になるので、「配偶者の税額軽減」が利用できます。「配偶者の税額軽減」は相続税の計算上、非常に有利な制度です。［Q 53.134頁参照］

それに対して「二次相続」とは、残った配偶者（妻）も亡くなり、親から子や孫へ世代間での相続になるケースです。「二次相続」では基本的に配偶者がいないので、相続人が一人減って基礎控除の額や死亡保険金等の非課税限度額に影響し、また「配偶者の税額軽減」が利用できません。さらに、相続税の適用税率が上がることも想定されます。

そのため、「一次相続」において「配偶者の税額軽減」のメリットを最大限活用するため配偶者が多くの財産を相続する形で遺産分割を行うと、「二次相続」では子などに多額の相続税がかかって、トータルではかえって損をするケースも出てくるので、注意が必要です。［Q 55.137頁参照］

55. 二次相続のことまで考えるとしたら、一次相続ではどのような点に注意したらいい？

一次相続で子により多くの財産を相続させたり、相続する財産の種類を工夫したり、トータルでの税負担をシミュレーションしましょう。

●一次相続で子に多く財産を取得させたほうが有利なケースも

「一次相続」と「二次相続」を合わせて、トータルの相続税の負担を検討するには、さまざまな条件を踏まえて、具体的なシミュレーションを行うことが欠かせません。

一般的には次のような点がポイントになります。

第一に、「一次相続」の際、配偶者が取得する相続財産の額を減らすことです。配偶者がすでに財産をたくさん所有している場合は、「一次相続」で子により多く財産を取得させることによって、「二次相続」での相続税額を減らしたほうが有利になることが多いといえます。

第二に、財産の種類を選んで誰が相続するか判断することです。「一次相続」で配偶者が換金性の高い現金を相続しておくと、「二次相続」で子が多額の相続税を負担することになっても、納税資金に困らなくて済みます。

逆に、アパートや賃貸マンションなどの収益不動産は家賃収入が発生するので、「一次相続」において配偶者ではなく子に移しておくほうがいいでしょう。「二次相続」で相続税を減らすことができますし、家賃収入を貯めることで納税資金を準備することにつながります。

配偶者が自宅に住み続ける場合、「配偶者居住権」の活用により、二次相続時の相続税の負担軽減につながる場合もあります。［Q 71.185頁参照］

　第三に、配偶者が「一次相続」で相続財産を取得した後、その種類を変えることです。

　配偶者が取得した財産のなかに現金がある場合、例えばそれを使って生命保険に加入します。その際、契約者と被保険者は配偶者、保険金受取人は子とします。すると、「二次相続」の際、子に保険金が支払われ、納税資金に回すことができます。保険金は「みなし相続財産」として相続税の課税対象となりますが、法定相続人の人数に応じた控除があるので有利です。

　第四に、相続が続くと相続税の負担が重くなりがちですが、「一次相続」と「二次相続」が10年以内に発生した場合、「相次相続控除」という制度が利用できます。これは、「一次相続」で負担した相続税の一部を、「二次相続」の際の相続税から控除できるというものです。［Q 62.153頁参照］

　具体例で比較してみましょう。

　まず、夫妻と子ども2人の4人家族において夫が亡くなり、相続財産は2億円とします。また、妻は自分の財産はなく、夫の死後、間もなく妻も亡くなったとします。

　以上の前提条件のもと、「一次相続」で妻が「配偶者の税額軽減」を最大限活用するパターンと、「一次相続」では各相続人が法定相続分どおりに相続財産を分けるパターンを比較してみます。

図表47 「一次相続」と「二次相続」を合わせた相続税の負担の比較

●前提条件

夫　妻　子　子
財産：2億　財産：0

●パターン1

＜一次相続＞

・「配偶者の税額軽減」を最大限活用。

・基礎控除額は4800万円（3000万円＋600万円×3人）。

・妻は「配偶者の税額軽減」によって納税額は0円。

・子の1人あたりの納税額は270万円。

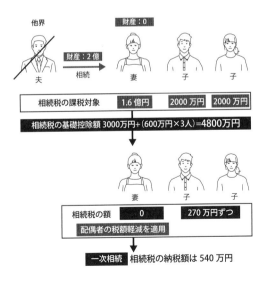

＜二次相続＞

・妻の財産は夫から相続した1.6億円。

・二次相続での基礎控除は4200万円（3000万円＋600万×2）。

・子の1人あたりの納税額は1070万円。

・一次相続と二次相続での合計納税額は**2680万円**。

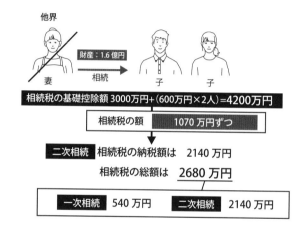

他界

妻 　財産：1.6億円 　相続 　子 　子

相続税の基礎控除額 3000万円＋（600万円×2人）＝4200万円

相続税の額 　1070万円ずつ

二次相続 　相続税の納税額は 　2140万円

相続税の総額は **2680万円**

一次相続 540万円 　二次相続 2140万円

●パターン2

<一次相続>

・法定相続分で相続財産を分割。

・2億円のうち、妻が2分の1＝1億円、子が（遺産の2分の1÷2人）それぞれ5000万円を取得。

・基礎控除額は4800万円（3000万円＋600万円×3人）。

・妻は「配偶者の税額軽減」によって納税額は0円、子はそれぞれ675万円、2人合わせて**1350万円**の負担。

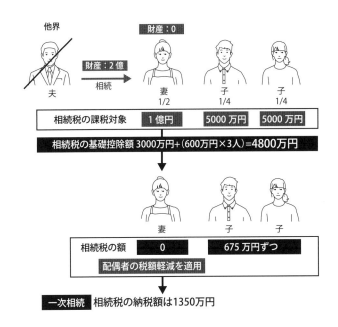

＜二次相続＞

・妻の財産は夫から相続した１億円。

・二次相続での基礎控除は4200万円（3000万円＋600万×
　２）。

・子の１人あたりの納税額は385万円。

・結果的に相続税の総額は**2120万円**となり、パターン１の
　2680万円と比べて500万円以上、少なくなる。

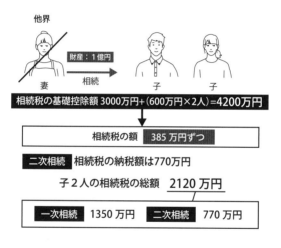

56. 孫を養子にすれば、相続税が減るというのはホント？

民法上、養子も実子と同じく相続人になり、相続税の計算上も控除額や非課税額が増えます。ただし、一定の制限が設けられています。

●相続人が多いほうが控除額や非課税額が増える

相続税の計算にあたっては、「基礎控除額」や「死亡退職金の非課税枠（非課税限度額）」「死亡保険金の非課税枠（非課税限度額）」があります。

そして、「基礎控除額」は法定相続人一人について600万円、「死亡退職金の非課税枠」「死亡保険金の非課税枠」については法定相続人一人について500万円が認められるので、法定相続人が多いほうが、相続税の計算上は有利になります。

そこで以前は、相続税対策として何人もの孫などを養子にする方法がよく行われていました。

●相続税の計算上、一定の制限があるものの節税対策となる

しかし、現在は相続税の計算上、一定の制限が設けられています。

そもそも、養子縁組には「普通養子縁組」と「特別養子縁組」の2つがあり、扱いが異なります。

「普通養子縁組」は、実父母との親子関係はそのままの状態で、養親との親子関係をつくるものです。

「普通養子縁組」については相続税の計算上、養親に実子が

いる場合には１人、実子がいない場合には２人までしか法定相続人として認められません。

　また、「普通養子縁組」による養子が被相続人の相続財産を相続した場合、相続税の計算において税額が２割加算［Ｑ57.145頁参照］されます。ただし、実父母の相続においては、法定相続人であることに変わりはありません。

　これに対して「特別養子縁組」は、養子の年齢が６歳未満など、要件が厳しくなっています。「特別養子縁組」を行うと、実父母や親族との関係がなくなり、法律的にも養父母との血縁関係のみとなります。

　そのため、相続税の計算上も、「特別養子縁組」による養子には、法定相続人としての人数の制限はありませんし、養子に対する相続税額の２割加算［Ｑ57.145頁参照］もありません。

　人数は限られていますが、孫を養子にすることは、財産の承継を含めた相続税の節税対策となります。

ここが
ポイント！

相続税の計算上、普通養子縁組による養子は基本的に、実子がいる場合は１人のみ、実子がいない場合は２人まで法定相続人に加えられる。

$57.$ 相続税が２割加算される対象者って誰？

相続税が２割加算されるのは、「配偶者および一親等の血族および代襲相続人の孫」以外の人です。

●被相続人から見て血縁関係が遠い人が対象

相続税の２割加算とは、その名称のとおり通常の相続税にさらに２割を加算した額がその人の相続税となることをいいます。対象となるのは、「配偶者および一親等の血族および代襲相続人の孫」以外の相続人です。

相続税が２割も加算されてしまう理由は、被相続人から見て血縁関係が遠い人が遺産を相続したような場合には、財産を相続する人からしてもいわゆる"棚からぼたもち"的な意味合いもあるためです。

●孫養子は２割加算の対象、代襲相続人の孫は対象外

図表48では、孫を養子にして財産を相続させた場合が２割加算になっています。

通常であれば、子が相続して相続税を支払い、さらに子が亡くなったらその子（孫）がまた相続税を支払います。しかし、孫養子が相続した場合には子を飛び越えて財産を相続することになり、相続税を一代飛ばすことが可能になってしまいます。このため、孫養子が財産を相続する場合には相続税が２割加算されるのです。

反対に、親よりも先に子が亡くなって孫が相続人になる場合（代襲相続）には、孫養子と違って相続税の一代飛ばしという概念が生じないため、相続税の２割加算の適用はありません。

図表48　相続税が２割加算になる親族の範囲

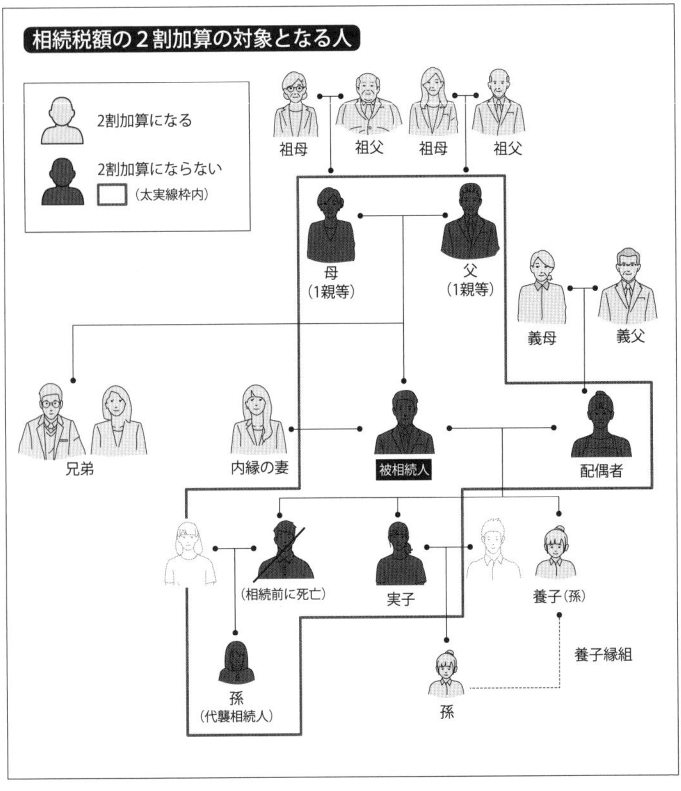

相続税額の２割加算の対象となる人

２割加算になる

２割加算にならない　□（太実線枠内）

祖母　祖父　祖母　祖父

母（1親等）　父（1親等）

義母　義父

兄弟

内縁の妻

被相続人

配偶者

（相続前に死亡）

実子

養子（孫）

養子縁組

孫（代襲相続人）

孫

58. 相続財産から支払った葬式費用や墓地の購入費用は、相続税ではどう扱われる？

通夜や葬儀などの葬式費用は相続財産から差し引けますが、墓地や墓石の購入費などは差し引けません。

●葬式に関連したものかどうかが目安

葬式費用は本来、亡くなった人（被相続人）の遺族が負担するものであり、被相続人の債務ではありません。

しかし、人が亡くなったことで生じる費用として、相続税の計算上、次のようなものが相続財産から差し引くことができます。

（1）葬式や葬送に際し、またはこれらの前において、火葬や埋葬、納骨をするためにかかった費用（仮葬式と本葬式を行ったときにはその両方にかかった費用）

（2）遺体や遺骨の回送にかかった費用

（3）葬式の前後に生じた費用で通常葬式にかかせない費用（例えば、お通夜などにかかった費用）

（4）葬式にあたりお寺などに対して読経料などのお礼をした費用（戒名料も含まれる）

（5）死体の捜索または死体や遺骨の運搬にかかった費用

一方、次のような費用は、差し引けません。

（1）香典返しのためにかかった費用

（2）墓石や墓地の買い入れのためにかかった費用や墓地を借りるためにかかった費用

（3）初七日や法事などのためにかかった費用

59. 一定の公益法人やNPOに寄付した財産は相続税がかからないというのはホント？

国、地方公共団体、認定NPO法人に寄付した場合、相続税の対象とならない特例があります。

●セーブ・ザ・チルドレン・ジャパンなどが対象

相続や遺贈によって取得した財産を、国や地方公共団体または特定の公益を目的とする事業を行う特定の法人などに寄付したりした場合、その寄付をした財産等は、相続税の対象とならない特例があります。

ただし、財産を寄付した人または寄付した人の親族などが寄付を受けた特定の公益法人などを利用して特別の利益を受けている場合などには、特例の適用を受けられません。

図表49　相続税の対象とならない寄付

（1）国や地方公共団体への寄付	無条件で特例の対象となります。
（2）認定NPO法人や特定公益増進法人への寄付	教育や科学の振興などに貢献することが著しいと認められる特定の公益を目的とする事業を行う特定の法人として、認められている法人に限ります。具体的には以下のような団体が挙げられます。 ○公益社団法人セーブ・ザ・チルドレン・ジャパン ○公益財団法人がん研究会 ○公益財団法人日本ユニセフ協会 ○日本赤十字社 ○特定非営利活動法人 国連UNHCR協会 ○財団法人 日本フォスター・プラン協会　など

60. 相続人に未成年が含まれている場合、相続税の計算はどうなる？

20歳※1に達するまで年10万円を差し引き、控除しきれない分は扶養義務者の相続税額から控除できます。

● 20歳※1未満の法定相続人には「未成年者控除」

相続人が未成年者や障害者である場合、一定の税額控除の規定が設けられています。

その一つが、「未成年者控除」です。「未成年者控除」の控除額は次の式で計算します。控除額は、対象となる未成年者（図表50）の相続税額から控除するほか、控除しきれない分は扶養義務者の相続税額から控除することができます。

図表50 「未成年者控除」の対象者の要件

（1）相続や遺贈で財産を取得したときに日本国内に住所がある人 　　　※一定の場合には、国内に住所がなくても適用が可能
（2）相続や遺贈で財産を取得したときに20歳※1未満である人
（3）相続や遺贈で財産を取得した人が法定相続人（相続の放棄があった場合には、その放棄がなかったものとした場合における相続人）

未成年者控除額＝（20歳※1−相続開始時の年齢※2）×10万円

※1 2022年（令和4年）4月1日以後の相続より、18歳となります
※2 20歳※1に達するまでの年数が1年未満や1年未満の端数が出るときは1年として計算

「未成年者控除」の対象となる未成年者が相続財産を取得しなかった場合、税額控除の対象となる相続税の負担がなく、「未成年者控除」は適用されない。この場合、扶養義務者の相続税額からも控除できなくなるので注意。

61. 相続人に障害者が含まれている場合、相続税の計算はどうなる？

> 85歳に達するまで一般障害者は年10万円、特別障害者は年20万円を差し引き、控除しきれない分は扶養義務者の相続税額から控除できます。

●85歳未満で障害のある法定相続人には「障害者控除」

障害のある人には、「障害者控除」が適用されます。控除額は、次の式で計算します。控除額は、対象となる障害者の相続税額から控除するほか、控除しきれない分は扶養義務者の相続税額から控除することができます。

一般障害者の控除額 ＝（85歳－相続開始時の年齢）×10万円

特別障害者の控除額 ＝（85歳－相続開始時の年齢）×20万円

なお、障害者控除の対象となる「一般障害者」および「特別障害者」とは次のとおりです。

図表51 「一般障害者」および「特別障害者」の例

一般障害者	・身体障害者手帳の障害の程度が3級から6級までである者 ・精神障害者保健福祉手帳の障害等級が2級または3級である者 ・児童相談所等の判定により知的障害者とされた者のうち重度の知的障害者とされた者以外の者 ※療育手帳等で判定します。療育手帳は、「愛護手帳」、「愛の手帳」、「みどりの手帳」など各自治体によって呼び名が違います 　　　　　　　　　　　　　　　　　　　　　　　　　　など

特別障害者	・身体障害者手帳の障害の程度が1級または2級である者
	・精神障害者保健福祉手帳の障害等級が1級である者
	・精神上の障害により事理を弁識する能力を欠く常況にある者
	・児童相談所等の判定により知的障害者とされた者のうち重度の知的障害者とされた者
	など

　また、「障害者控除」は、次のすべてに当てはまる人が対象となります。

図表52　「障害者控除」の対象者の要件

（1）相続や遺贈で財産を取得したときに日本国内に住所がある人
　　　※一定の場合には、国内に住所がなくても適用が可能

（2）相続や遺贈で財産を取得したときに障害者に該当し、85歳未満である人

（3）相続や遺贈で財産を取得した人が法定相続人（相続の放棄があった場合には、その放棄がなかったものとした場合における相続人）であること

ここが
ポイント！

「障害者控除」の対象となる障害者が相続財産を取得しなかった場合、税額控除の対象となる相続税の負担がなく、「障害者控除」は適用されない。この場合、扶養義務者の相続税額からも控除できなくなるので注意。

62. 相続が10年以内に続けて起こったとき、相続税はその都度かかるの？

10年以内に続けて相続が起こった場合、「相次相続控除」といって前回の相続で支払った相続税額の一部が、今回の相続税額から控除されます。

●10年以内に続けて相続が起こると一定額を控除

短い期間に相続が続けて起こった場合、同じ財産に対して複数回相続税を支払うこととなり、相続人の負担が重くなるケースも出てきます。

そこで、負担の軽減を図る「相次相続控除」という制度が設けられています。

「相次相続控除」の適用を受けるためには次の3つの要件を満たすことが必要です。

（1）被相続人の相続人であること

（2）今回の相続開始前10年以内に開始した相続により被相続人が財産を取得していること

（3）被相続人に対し、（2）の相続により取得した財産について相続税が課税されたこと

控除される額は、次の式で計算します。

複雑なように見えますが、簡単にいうと、今回の相続の被相続人（亡くなった人）が前回の相続のときに支払った相続税のうち、1年につき10％の割合で逓減した後の金額を今回の相続税額から控除するというものです。

図表53 「相次相続控除」の計算の仕方

$$相次相続控除 \ = \ A \ \times \ \frac{C^*}{B - A} \times \ \frac{D}{C^*} \ \times \ \frac{10 - E}{10}$$

*C＞B－Aのときは　C＝B－Aとする

A＝今回の被相続人が前回の相続で支払った相続税
B＝今回の被相続人が前回の相続でもらった財産価額
C＝今回の相続における財産価額の合計額
D＝今回の相続で相次相続控除を受けるすべての相続人が取得した財産価額
E＝前回の相続から今回の相続までの経過年数（1年未満は切り捨て）

●相続放棄や相続権を失った人は対象外

　注意しなければならないのは、「相次相続控除」の適用を受けられるのは、「一次相続」「二次相続」とも相続により財産を取得した場合に限られることです。

　そのため、相続の放棄をした人および相続権を失った人がたとえ遺贈により財産を取得しても、この制度は適用されません。

　また、二次相続で相続人が複数いる場合、どの相続人がいくらの相次相続控除の特例を使うかは、相続人間で了解があったとしても、各相続人が取得した財産額によって自動的に按分されます。

63. 相続税がゼロでも、税務署に申告しなければ ならない場合があるというのはホント？

相続税の申告は、相続税がかかるときに行うのが基本です。ただし、「配偶者の税額軽減」など特例によって相続税がゼロになるときは申告が必要です。

●「配偶者の税額軽減」は遺産分割協議の確認資料を添付

相続税では基本的に、相続税を支払う必要がある場合に税務署に申告と納税を行います。

しかし、なかには申告することによって特例などが適用され、その結果として相続税がゼロになるケースもあります。

代表例が「配偶者の税額軽減」です。これは、配偶者が受け取った相続財産の額が1億6000万円もしくは配偶者の法定相続分までであれば、相続税が課税されないという制度です。[Q 53.134頁参照]

この制度の適用を受けるには、相続税の申告期限（相続があったことを知った日から10カ月）までに、申告書にこの控除を受ける旨を記載して申告を行わなければなりません。

その際、相続人全員で遺産分割協議を行い、配偶者が相続した財産を確認できる資料（通常は遺産分割協議書の写し）の添付が必要です。

もし、申告期限までに遺産分割がまとまらなかった場合は、「申告期限後3年以内の分割見込書」を添付し、税額軽減の適用がないものとして法定相続分でいったん申告・納税を行います。そして、申告期限から3年以内に遺産分割がまと

まったら、「税額軽減」の明細を記載した相続税の更正の請求書に、戸籍謄本等のほか遺言書の写しや遺産分割協議書の写しなど、配偶者の取得した財産が分かる書類を添えて提出すれば、納め過ぎた相続税が戻ります。

さらに、相続税の申告期限から3年を経過する日までに分割できないやむを得ない事情がある場合、「遺産が未分割であることについてやむを得ない事由がある旨の承認申請書」を提出します。提出期限は、申告期限から3年を経過した日の翌日から2カ月以内です。

「やむを得ない事由」とは、遺産分割にあたって訴訟が起こされている場合や、調停、審判の申し立てがされている場合、または遺言で遺産分割が禁止されている場合などであり、添付書類としてこれらの事由を証明する書類が求められます。

なお、税務署長の承認を受ければ、「やむを得ない事由」が解消した日の翌日から4カ月以内に遺産分割をすれば、同じように更正の請求によって「配偶者の税額軽減」の対象となります。

●「小規模宅地等の特例」も申告期限までに申告することが必須

もう一つ、「小規模宅地等の特例」[Q 33.95頁参照]も非常に重要な特例ですが、やはり相続税の申告期限（相続があったことを知った日から10カ月）までに、申告書にこの控除を受ける旨を記載するとともに、相続人全員で遺産分割協議を行い、この特例の適用を受ける相続人が相続した財産を確認できる資料（通常は遺産分割協議書の写し）の添付が

必要です。

　もし、申告期限までに遺産分割がまとまらなかった場合は、先ほどと同じように「申告期限後3年以内の分割見込書」を添付し、「小規模宅地等の特例」の適用がないものとして法定相続分でいったん申告・納税を行います。

　そして、申告期限から3年以内に遺産分割がまとまったら、「小規模宅地等の特例」の明細を記載した相続税の更正の請求書を提出すれば、納め過ぎた相続税が戻ります。

　さらに、相続税の申告期限から3年を経過する日までに分割できないやむを得ない事情がある場合、同じように「遺産が未分割であることについてやむを得ない事由がある旨の承認申請書」を提出します。提出期限は、申告期限から3年を経過した日の翌日から2カ月以内です。

「やむを得ない事由」とは、遺産分割にあたって訴訟が起こされている場合や、調停、審判の申し立てがされている場合、または遺言で遺産分割が禁止されている場合などであり、添付書類としてこれらの事由を証明する書類が求められます。

　なお、税務署長の承認を受ければ、「やむを得ない事由」が解消した日の翌日から4カ月以内に遺産分割をすれば、同じように更正の請求によって「小規模宅地等の特例」の対象となります。

第5章

節税のためには
生前贈与を上手に
活用すべき？
贈与税の「制度」

64. 生前贈与によって相続税の負担を抑えられるというのはどういうこと？

> 贈与税の「暦年課税」で認められている年110万円の基礎控除を利用して、推定相続人に財産を移すことが基本です。

●税率区分では贈与税のほうが税負担は重い

相続税は、相続人ごとに課税対象となる相続財産が多くなるにつれ、適用される税率が高くなります。例えば、相続財産のうち1000万円までの部分に適用される税率は10％ですが、6億円を超える部分に適用される税率は55％にもなり、半分以上を納税に充てなければなりません。

そこで、法律の範囲内であることはもちろん、税務署から行き過ぎた節税対策であるといった指摘を受けない範囲内で、相続税を少なくする方法がないか検討するとよいでしょう。

図表54　相続税と贈与税の税率の比較

相続税		贈与税	
取得金額	税率	取得金額	税率
1,000万円以下	10％	200万円以下	10％
3,000万円以下	15％	300万円以下	15％
5,000万円以下	20％	400万円以下	20％
1億円以下	30％	600万円以下	30％
2億円以下	40％	1000万円以下	40％
3億円以下	45％	1500万円以下	45％
6億円以下	50％	3000万円以下	50％
6億円超	55％	3000万円超	55％

最もオーソドックスなのが、「生前贈与」です。被相続人の生前に、その財産の一部を子や孫などに贈与するのです。

　ただし、贈与税の最高税率は相続税と同じく55％ですが、税率の区分ではむしろ贈与税のほうが税負担は重くなります。例えば、課税価額5000万円に対する税率は、相続税が20％なのに対して贈与税は55％です。

●「暦年課税」における年間110万円の基礎控除を活用

　贈与税の課税方法には「暦年課税」と「相続時精算課税」［Q65.163頁参照］の2つがあります。このうち、一般的に用いられるのが「暦年課税」です。

「暦年課税」では、毎年1月1日から12月31日までの期間に、他人から贈与を受けた財産の合計額から、基礎控除額110万円を差し引いた残りの金額に対して贈与税がかかります。

　110万円というのは、贈与を受けた人ごとに判断されるので、4人から贈与を受けても、1人から贈与を受けても、年間110万円までであれば非課税です。

　この110万円の基礎控除を活用するのが、生前贈与の基本です。110万円以下の贈与を複数年にわたって繰り返すと、まとまった財産を被相続人から推定相続人に移すことができます。

●生前贈与における３つの注意点

なお、生前贈与にあたっては次の３つの点に注意が必要です。

第一に、贈与して３年以内に贈与者が亡くなると、３年以内の贈与分は相続税の対象になります。［Q52.131頁参照］ただし、「贈与税の配偶者控除」［Q69.177頁参照］や「住宅取得等資金贈与の非課税制度」［Q68.173頁参照］など、一定の特例を利用している場合は相続税の対象にはなりません。

第二に、贈与した資金を受贈者名義の預金に入れておく際、通帳や印鑑の管理等によっては「名義預金」とみなされることもあります。［Q47.118頁参照］

贈与の都度、贈与契約書を作成したり、通帳や印鑑は受贈者が管理したりすることが大事です。

第三に、毎年、一定額を継続的に贈与すると、あらかじめまとまった額を贈与することを合意したうえでの「定期贈与」とみなされ、まとめて贈与税がかかる可能性があります。やはり、贈与の都度、贈与契約書を作成するとよいでしょう。

65. 20歳以上の子や孫に2500万円まで贈与しても非課税になる制度があるってホント？

生前贈与をしやすくするために設けられたのが、相続税の「相続時精算課税」です。メリットとデメリットを考慮しましょう。

●「相続時精算課税」は贈与と相続をセットにして課税

相続税の課税方式には、「暦年課税」のほかに「相続時精算課税」があります。

「相続時精算課税」とは、60歳以上の父母や祖父母から20歳以上（2022年〈令和4年〉4月1日以後は18歳以上）の子や孫に対して贈与する場合、2500万円までは贈与税が非課税になるものです。

同じ人からの贈与であれば、一括で贈与しても数回に分けて贈与しても、贈与が複数年にわたっても、贈与財産が2500万円になるまでは非課税です。また、2500万円を超えて贈与をする場合は、超えた分に対して一律20％の税率で贈与税が課税されます。

ただし、「暦年課税」で認められている年間110万円の基礎控除は、「相続時精算課税」では適用されません。

そして、「相続時精算課税」によって贈与された財産は、贈与者が死亡したときに"持ち戻し"といって相続税の課税対象になります。相続財産のなかに「相続時精算課税」で生前に贈与された分を含めて相続税を計算し、そこから生前に支払った贈与税を差し引きます。つまり、「相続時精算課税」は贈与と相続をセットにして課税する方式です。

図表55 「相続時精算課税」のイメージ①

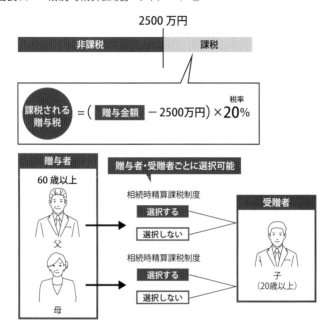

図表56 「相続時精算課税」のイメージ②

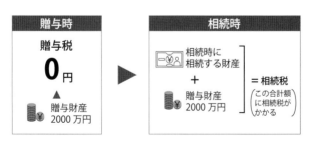

●「相続時精算課税」のメリットと活用法

「相続時精算課税」のメリットとしては、次のような点が挙げられます。

第一に、早期に財産を推定相続人に移転できます。

「相続時精算課税」は贈与時、2500万円までは非課税であり、2500万円を超えた部分も一律20%の税率が適用されます。これは「暦年課税」と比べ、はるかに税負担が少なくて済みます。例えば推定相続人である子がまとまった財産を必要としているタイミングで、生前贈与がしやすくなります。

第二に、相続税対策に利用できます。

例えば、アパートや賃貸マンションなどの収益物件を生前贈与した場合、相続時に相続税の課税対象として持ち戻されるのは収益物件そのものだけで、贈与後の家賃収入は相続税に含める必要はありません。

また、「相続時精算課税」で生前贈与した財産を相続時に持ち戻す場合、その財産は贈与時の評価額で課税されます。例えば、自社株を時価100円のときに贈与し、持ち戻しの際に時価1万円になっていても、贈与時の時価100円で相続税額を算出します。このように、値上がりが予想される財産を生前贈与することで、相続税対策になります。

第三に、相続争いを防ぐことができます。

特に不動産など分割しづらい財産は、相続人どうしのトラブルの原因になりがちです。そこで、相続させたい財産を相続させたい相手に生前贈与しておくことで、相続人どうしの相続争いを防ぐことができます。

●「相続時精算課税」のデメリット

　一方、「相続時精算課税」にはデメリットもあります。

　まず、一度選択すると撤回ができません。「相続時精算課税」は贈与者ごとに指定できますが、いったん「相続時精算課税」を選択すると、指定した贈与者が死亡するまで暦年課税に戻すことはできません。

　また、「相続時精算課税」を選択して土地を贈与した場合、その土地については所有権が受贈者に移転してしまうため、相続時に「小規模宅地等の特例」[Q33.95頁参照]を適用できません。場合によっては、相続時の課税負担が重くなります。

　さらに、生前贈与を受けた財産は、相続税の納税にあたって物納することができません。相続税が支払えない場合、土地や建物を相続していれば、一定の条件でその土地や建物で相続税を納める「物納」が認められています。しかし、「相続時精算課税」を利用して生前贈与した土地や建物は、すでに受贈者の所有になっており、「物納」には使えません。

　もう一つ、「相続時精算課税」で不動産を生前に贈与した場合、登記の際の登録免許税が2.0％かかります。相続による登記では0.4％なので、5倍に相当します。

66. 子や孫に教育資金を1500万円まで贈与しても非課税になる制度があるってホント？

子や孫の教育のための資金を前もって一括で贈与できる「教育資金一括贈与の非課税」という特例があります。

●扶養義務の範囲内の支援はその都度だけ

　生前贈与についてはいくつか、特例が設けられています。

　その一つが、「教育資金一括贈与の非課税」です。これは、親から子へ、または祖父母から孫へ、教育のために一括で贈与した資金について、最大1500万円まで贈与税が非課税になるものです。

　そもそも民法では親族間の扶養義務が定められており、その範囲で父母や祖父母が教育資金を必要に応じて子や孫に渡しても、贈与税の対象にはなりません。

　扶養義務の範囲はかなり広く、大学の学費をその都度、援助したり、海外留学の渡航費を渡したりすることも当てはまります。ただし、贈与を受けた資金をその年のうちに使いきれなかった場合は、残った金額が贈与税の課税対象になります。したがって、通常の贈与では、教育のための資金を前もって一括で贈与することはできません。

　それに対し、「教育資金一括贈与の非課税」は、教育のための資金を前もって一括で贈与できる点が特徴です。

　なお、この制度は2013年（平成25年）4月1日から2021年（令和3年）3月31日までの間の時限措置でしたが、一部の要件等を見直して2年間延長されることになりました。

●受贈者となる子・孫には所得制限

「教育資金一括贈与の非課税」の主な要件は次のとおりです。

図表57 「教育資金一括贈与の非課税」の主な要件

（1）父母・祖父母から30歳未満の子・孫への贈与であること	「教育資金一括贈与の非課税制度」は、贈与者が直系尊属（父母または祖父母）であって、受贈者が30歳未満の子または孫である場合が対象。 贈与者は直系尊属であり、配偶者の父母や祖父母は対象にならない。一方、受贈者は養子も対象になる。ただし、贈与が行われる前年の受贈者の所得が1000万円を超える場合は利用できない。
（2）贈与資金を教育のために使うこと	贈与資金は、教育のために使うことが必要。入学金・授業料などのほか、教材・制服の購入費、塾や習い事（スポーツやピアノ・絵画といった文化芸術に関するものを含む）の月謝、さらに通学定期代や留学の渡航費も対象になる。 なお、学習塾や習い事に関する費用について、受贈者が23歳になった日の翌日以降に支払われるものは対象とならない。 ただし（例外の例外として）、教育訓練給付金の支給対象となる教育訓練の受講費は、受贈者が23歳以上であっても非課税の対象。
（3）非課税限度額は受贈者一人につき1500万円まで	この特例で贈与税が非課税になる限度額は、受贈者一人につき1500万円まで。ただし、学習塾や習い事など学校等以外に支払われる教育資金は500万円が上限となる。 受贈者の人数に制限はなく、子や孫が複数いる場合はそれぞれ最大1500万円（ないし500万円）まで非課税で贈与できる。

●金融機関と「教育資金管理契約」を結ぶ

　利用する際は、金融機関との間で「教育資金管理契約」を結び、入出金や税務署への届け出は金融機関を通じて行います。さらに、次のいずれかの時点までに教育資金を使いきれなかった場合は、残額に贈与税または相続税が課税されます。

図表58　「教育資金一括贈与の非課税」において贈与税または相続税が課税されるケース

（1）受贈者が30歳になったとき	受贈者が30歳になると教育資金管理契約が終了し、非課税制度の適用も終了する。 ただし、30歳になった受贈者が次のいずれかに当てはまる場合は、金融機関に届け出をすれば教育資金管理契約が継続する。 **①学校等に在学している場合** **②教育訓練給付金の支給対象となる教育訓練を受けている場合** これらの場合は、在学・受講している期間がなかった年の12月31日、または受贈者が40歳になる日のいずれか早い時点で契約が終了する。
（2）贈与者が死亡したとき	贈与から3年以内に贈与者が死亡したときは、残額が相続税の課税対象になる。 このとき課税対象になる残額は、教育資金口座の残額のうち、2019年（平成31年）4月1日以降に贈与されて贈与者の死亡まで3年が経過していない金額に対応する部分（管理残額）となる。 ただし、次の場合は、贈与者が死亡しても残額は相続税の課税対象にならない。 **①受贈者が23歳未満である場合** **②受贈者が学校等に在学している場合** **③受贈者が教育訓練給付金の支給対象となる教育訓練を受けている場合** ※2021年4月1日以降の一括贈与については、教育資金管理契約が終了する前に贈与者が死亡したときは、その時点での管理残額は受贈者が贈与者から相続等により取得したものとみなすことになり、その管理残高に対応する相続税額は2割加算［Q57.145頁参照］の対象となる

67. 子や孫に結婚資金と子育て資金を1000万円まで贈与しても非課税になる制度があるってホント?

子や孫の結婚と子育てのための資金を前もって一括で贈与できる「結婚・子育て資金一括贈与の非課税」という特例があります。

●必要になると見込まれる資金を前もって一括で贈与可能

生前贈与についての特例には、「結婚・子育て資金一括贈与の非課税」もあります。

これは、親や祖父母から子や孫へ、結婚・子育てのための資金を一括で贈与した場合、1000万円まで贈与税が非課税になるものです。

結婚や子育てに関する費用は生活に必要なものであり、民法の扶養義務の範囲でその都度、贈与しても贈与税はかかりません。

「結婚・子育て資金一括贈与の非課税」は、必要になると見込まれる資金を前もって一括で贈与するできる点に特徴があります。

非課税になる限度額は、贈与を受ける受贈者一人あたり1000万円で、このうち結婚のための費用は300万円が限度額です。

受贈者は20歳以上50歳未満(2022年〈令和4年〉4月1日以降は18歳以上50歳未満)であることが条件であり、また2019年(平成31年)4月1日からは贈与の前年の受贈者の所得が1000万円を超える場合は適用されません。

なお、この制度は2021年（令和3年）3月31日までの間の時限措置でしたが、一部の要件等を見直して2年間延長されることになりました。

●子育て資金は不妊治療なども対象

「結婚・子育て資金一括贈与の非課税」の対象となる費用としては、次のようなものが挙げられます。

図表59　「結婚・子育て資金一括贈与の非課税」の対象となる費用の例

（1）結婚に関連して支払われる費用	結婚に関連して支払われる費用は300万円を限度に非課税の対象になる。具体的には、次のような費用が当てはまる。 ①挙式費用・衣装代など結婚披露のための費用 ②家賃・敷金等の新居の費用や転居費用 ただし、結婚情報サービスの利用料や結納式の費用、婚約指輪・結婚指輪の購入費、新婚旅行の費用などは非課税の対象にはならない。 新居の費用についても、光熱費や家具・家電の購入費などは非課税の対象にならない。
（2）妊娠、出産、育児に必要な費用	妊娠、出産、育児に必要な費用としては、次のようなものが当てはまる。 ①不妊治療や妊婦健診に要する費用 ②分娩費用や産後ケアに要する費用 ③子の医療費、幼稚園・保育所などの保育費用（ベビーシッター代を含む） ただし、治療などのために遠隔地や海外に出向く場合の交通費・宿泊費など、非課税の対象にならないものもある。

●金融機関と「結婚・子育て資金管理契約」を結ぶ

　利用する際は、信託銀行などの金融機関と「結婚・子育て資金管理契約」を結び、入出金や税務署への届け出は金融機関を通じて行います。通常の贈与とは手続きが異なるので注意が必要です。

　また、「結婚・子育て資金一括贈与の非課税」を適用している途中で贈与者が死亡した場合は、金融機関にその旨を届け出なければなりません。贈与者の死亡により相続税の申告が必要な場合は、「結婚・子育て資金口座」の残額も相続税の対象になります。

　次のような場合は、金融機関と締結した結婚・子育て資金管理契約が終了し非課税の適用も終了します。

①受贈者が50歳になったとき
②受贈者が死亡したとき
③口座の残高が0になり、かつ契約を終了することに合意したとき

ここが
ポイント!

2021年（令和3年）4月1日以降の一括贈与について、残額が相続税の対象になる場合、贈与者の子以外の直系卑属が受贈者の場合は相続税額の2割加算の対象となります。

68. 子や孫に住宅資金を最大1500万円まで贈与しても非課税になる制度があるってホント？

「住宅取得等資金贈与の非課税」は、両親・祖父母から子・孫へのマイホーム購入資金の援助について最大1500万円まで非課税になります。

●非課税額は契約日や住宅の種類、消費税の税率により異なる

生前贈与についての特例として、従来広く利用されてきたのが、「住宅取得等資金贈与の非課税」です。

これは、両親または祖父母から子または孫が、マイホーム購入資金の援助を受けた場合に最大1500万円まで贈与税が非課税になるものです。

非課税になる金額は、契約日、住宅の種類、家屋にかかる消費税の税率によって変わります。

図表60 「住宅取得等資金贈与の非課税」の非課税限度額

消費税率の区分	契約締結日	省エネ等住宅	一般の住宅
家屋に対する消費税率が8％の場合など^{（※）}	2020年4月〜2021年12月	1000万円	500万円
家屋に対する消費税率が10％の場合	2020年4月〜2021年12月	1500万円	1000万円

※個人どうしの売買で消費税がかからない場合や、土地だけを購入した場合も含む

「住宅取得等資金贈与の非課税」は、贈与税（暦年課税）の基礎控除（年間110万円）と併用できます。非課税限度額が

1500万円であれば、基礎控除110万円を加えた1610万円までが非課税になります。

　また、贈与から３年以内に贈与者が死亡したときの贈与財産は原則、相続税の対象に加えられますが、この特例を適用して非課税になった部分は加算する必要はありません。
［Q52.133頁参照］

●人と住宅それぞれの要件に注意

「住宅取得等資金贈与の非課税」の主な要件は次のとおりです。人と住宅それぞれに要件があるので注意しましょう。

図表61　「住宅取得等資金贈与の非課税」の主な要件

（1）非課税の対象になる人の要件	贈与を受けた人が次の要件をすべて満たしていなければならない。 ①直系尊属（父母または祖父母）から金銭を贈与されたこと ②贈与を受けた年の１月１日現在で20歳以上であること ③贈与を受けた年の合計所得金額が2000万円以下であること ④2009年〜2014年の贈与税申告で住宅取得等資金贈与の非課税の適用を受けたことがないこと（例外あり） ⑤住宅の取得・新築・増改築の契約の相手方は自身の配偶者、親族など特別の関係がある人でないこと ⑥贈与を受けた年の翌年３月15日までに贈与された金銭の全額を充てて住宅の取得・新築・増改築をすること ⑦贈与を受けたときに日本国内に住所があること（例外あり）

	⑧取得・新築・増改築した家屋に、贈与を受けた年の翌年3月15日までに入居すること。間に合わない場合は、遅滞なくその家屋に入居することが確実であること
（2）非課税の対象になる住宅の要件	**＜取得・新築の場合＞** ①日本国内にある住宅用の家屋であること ②登記簿上の床面積（マンションは専有面積）が50㎡以上^{（※）}240㎡以下であること ③床面積の半分以上を住居として使用すること **＜中古住宅の場合＞** 上記のほか次のいずれかの要件を満たすことが必要。 ④建築後使用されたことがないこと ⑤築20年以内（鉄骨造、鉄筋コンクリート造または鉄骨鉄筋コンクリート造など耐火建築物は築25年以内）であること ⑥耐震基準に適合することを証明する書類があること ・住宅を取得するまでに耐震改修工事の申請を行い、贈与を受けた年の翌年3月15日までに耐震基準に適合したことを証明できること **＜増改築の場合＞** ①日本国内にある住宅用の家屋であること ②増改築後の登記簿上の床面積（マンションは専有面積）が50㎡以上^{（※）}240㎡以下であること ③床面積の半分以上を住居として使用すること ④増改築工事の費用が100万円以上であり、また費用のうち半分以上が住居部分の工事に充てられていること ⑤増改築は自身が所有かつ居住している家屋について行われ、工事の内容について証明する書類があること ※2021年（令和3年）1月1日以降の贈与については、受贈者が贈与を受けた年の所得金額が1000万円以下である場合、床面積の下限は40㎡以上（取得・新築・増築とも）

●適用を受けるには贈与税の申告が不可欠

なお、「住宅取得等資金贈与の非課税」の適用を受けるには、適用によって税額が0になる場合でも、贈与税の申告書を提出しなければなりません。

「住宅取得等資金贈与の非課税」と「住宅ローン控除（住宅借入金等特別控除）」は、併用することができる。ただし、「住宅ローン控除」の対象には上限があり、ローン借入額と資金援助の合計が住宅の価格を超える場合、住宅ローン借入額の一部が「住宅ローン控除」の対象外になるので注意が必要。

69. 長年連れ添った配偶者にマイホームやその購入資金を 2000万円贈与しても非課税になる制度があるってホント?

「贈与税の配偶者控除」、別名「おしどり贈与」といって、婚姻期間が20年以上の配偶者からのマイホームについての贈与が非課税になります。

●事実婚は対象外

生前贈与の特例として、「住宅取得等資金贈与の非課税」とともに従来よく利用されてきたのが、「贈与税の配偶者控除」です。別名「おしどり贈与」とも呼ばれます。

これは、婚姻期間が20年以上の配偶者から一定の要件に当てはまる居住用不動産の贈与または居住用不動産を取得するための資金の贈与を受けて取得した居住用不動産がある場合、その贈与については、その年分の贈与税に係る課税価格から最大2000万円が控除されるというものです。

なお、残念ながら事実婚は対象外です。

●贈与の翌年3月15日までに居住の用に供することが必要

「おしどり贈与」の主な要件は次のとおりです。

図表62 「おしどり贈与(贈与税の配偶者控除)」の主な要件

①専ら居住の用に供する土地もしくは土地の上に存する権利または家屋で国内にあるもの
②贈与のあった年の翌年3月15日まで当該居住用不動産を居住の用に供し、かつ、その後引き続き居住の用に供する見込みであること
③居住用の土地等のみを取得する場合には、その家屋の所有者は、受贈配偶者の配偶者または当該受贈配偶者と同居するその者の親族であることが必要

その他、次のような注意点があります。

　配偶者からの贈与資金とその他の資金を使って、居住用不動産の取得と同時に居住用不動産以外の財産の取得に充てた場合には、配偶者からの贈与資金をまず居住用不動産の取得に充当したものとして処理することができます。

「贈与税の配偶者控除」は、同一配偶者間においては、一度しか適用できません。ただし、再婚して相手が変わっていれば、重複して適用も可能です。

　居住用不動産の贈与をした者が贈与年の途中で死亡した場合には、相続人である配偶者は贈与税申告書を提出すれば、贈与税の配偶者控除の適用を受けることができます。

●利用にあたっては慎重な検討を

「おしどり贈与（贈与税の配偶者控除）」を利用すれば、2000万円の不動産や不動産を取得するための資金を配偶者に非課税で贈与できますが、実際には慎重な検討が必要です。

　そもそも、配偶者に無税で自宅を渡したいのであれば、相続時に適用される「配偶者の税額軽減」［Q53.134頁参照］でも十分でしょう。配偶者に自宅を残したいということであれば、その旨の遺言書を残しておけば確実です。「配偶者居住権」［Q71.185頁参照］の活用も効果的です。登録免許税についても、相続で取得した場合の税率は0.4％ですが、贈与で取得した場合は2％でコストが増えます。

　こうしたことから、「おしどり贈与」を使う主な目的は、被相続人の自宅を生前に配偶者へ移しておく点にあるといえ

ます。「おしどり贈与」で贈与された不動産や資金は、相続前3年内の贈与であっても相続税の対象にならないというメリットもあり、被相続人の相続財産を減らしておく効果があるのです。

その他、将来、自宅を売却する予定の場合、「おしどり贈与」で自宅の持ち分の一部を配偶者に移しておけば、土地や家屋を売却して得られた利益のうち3000万円の控除が受けられる特例を夫婦2人分（最大6000万円）まで利用できるというメリットもあります。

第6章

相続発生後
からでもできる
節税・調査対応
とは？

70. 土地を分筆すると、相続が発生した後でも相続税評価が下がるってホント？

遺産分割協議で、1区画の土地を複数の相続人が分筆して相続することは可能です。分筆された土地は別々に評価され、評価額が下がることがあります。

●遺産分割協議によって土地の分筆は可能

相続税対策は基本的に、相続が発生する前に行う必要があります。しかし、相続が発生してからでも税負担を減らせるケースがあります。

代表的なケースが、土地の「分筆」です。「分筆」とは、登記簿のうえで1つの画地とされている土地を、2つ以上に分けてそれぞれ別に登記することをいいます。逆に、登記簿のうえで複数に分かれて登記されている土地を1つにまとめることを「合筆」といいます。

相続税の計算において、土地は基本的に登記簿上の1つの画地（1筆）ごとに評価されます。また、複数に分かれた土地であっても、それらが一体的に利用されていれば、1つの土地として扱われます。

しかし、相続が発生した後、遺産分割協議などにより登記簿上の1つの画地（1筆）を分割（分筆）し、別々の相続人が相続することは可能です。

この場合、分割（分筆）後の土地が一体的に利用されていたとしても、分割（分筆）後の土地を1画地としてそれぞれ別に評価することになります。なぜなら、相続税の計算にお

いては、相続人が遺産分割協議などによって取得した相続財産ごとに評価するからです。地積規模の大きな宅地などの面積についての要件等も、分割（分筆）後の土地の面積で判定することになります。

　一方、土地を分割（分筆）せずに、共有や単独持分という形で相続した場合には、1つの土地として評価し、面積要件等も1つの土地として判断します。

●「角地」を分筆することで評価額がダウン

　相続税の計算において、土地の評価は形状や間口の広さ、奥行き、接している道路などによって変わります。

　例えば、二方の道路に面した「角地」を分筆し、別々の相続人が相続すると、「角地」と「普通の土地」に変わり、合計の土地評価額が下がることがあります。

図表63　「角地」を分筆することで土地の評価額が下がる例

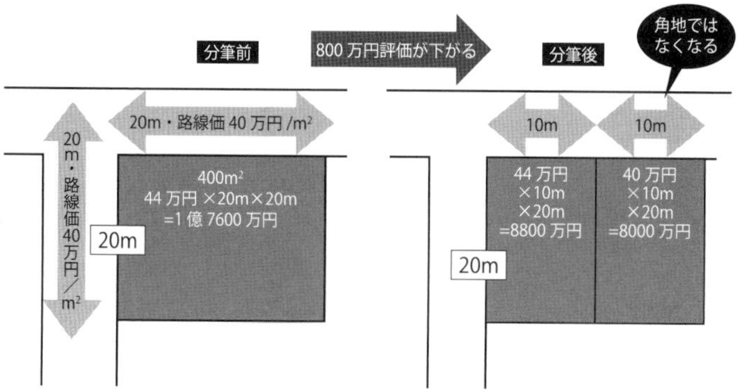

＜分筆前＞

・高度商業地区で二方に面する角地400㎡（間口20ｍ × 奥行20ｍ）

・正面・側方路線価どちらも40万円／㎡

・側方路線価の加算（0.1）により、この土地の１㎡あたりの評価額は44万円、全体の相続税評価額は１億7600万円となる

＜分筆後＞

・この土地を図のように２区画に分筆すると、右の区画は角地ではなくなり、側方路線価の加算がなくなり、評価額が全体として800万円下がる

分割後の土地が「宅地として通常の用途に供することができない」など著しく不合理と判断される場合は、否認される可能性がある。「不合理分割」とされると、分割前の「１画地の宅地」として評価される。

71. 民法改正で新しくできた「配偶者居住権」を利用すると相続税の負担が抑えられることがあるってホント?

「配偶者居住権」は、自宅の権利を居住権と所有権に分け、配偶者が相続した居住権を一代限りで認めるものです。

●被相続人の配偶者の生活の安定が目的

「配偶者居住権」とは、被相続人（主に夫を想定）の配偶者（その妻）が、被相続人が亡くなった後も、被相続人が所有していた自宅にそのまま住むことができる権利です。改正民法で新たに創設され、被相続人の死亡が2020年（令和2年）4月1日以降の場合に認められます。

　具体的には、自宅（建物）に関する権利を「居住権」と「所有権」に分け、「居住権」は配偶者、「所有権」は他の相続人（被相続人の子などを想定）が相続するようにできます。

図表64　「配偶者居住権」のイメージ

　配偶者が「配偶者居住権」を相続し、子が自宅の所有権を相続すれば、配偶者は自宅に居住でき、かつ生活資金を相続により確保しやすくなります。

「配偶者居住権」は配偶者が生きている間は存続し（存続期

間を定めることも可能）、配偶者は亡くなるまで自宅に住み続けることができますが、亡くなれば消滅します。

ただし、「配偶者居住権」は配偶者の生活の安定を目的としているため、売買や譲渡はできません。

●「配偶者居住権」には節税効果も

「配偶者居住権」は、配偶者が亡くなったときの相続（二次相続）で相続税の節税になると考えられます。

なぜなら、配偶者が亡くなり「配偶者居住権」が消滅した場合でも、自宅所有者に対する相続があったことにはならず、相続税は課税されないからです。

一方、次のような理由で配偶者居住権が消滅した場合は、配偶者から所有者への贈与があったとみなされ、贈与税の課税対象になります。

①配偶者と所有者の合意で消滅した
②配偶者が配偶者居住権を放棄した
③所有者による消滅の請求があった

ここがポイント！

「配偶者居住権」は本来、被相続人（主に夫を想定）が亡くなった後、その配偶者（妻）の生活を保障する目的で創設されたものだが、相続税の節税効果もあり、上手に活用しよう。

72. 誰も住まなくなった実家を相続したときに使える特例があるってホント？

「空き家に係る譲渡所得の特別控除の特例」では、相続したものの誰も住んでいない実家を売却すると最大3000万円が譲渡所得から控除されます。

●空き家率はすでに13.6％

近年、社会問題になっているのが「空き家」の増加です。少子高齢化が進むにつれ、親が亡くなって相続が発生しても、その自宅に誰も住まないというケースが珍しくありません。

総務省の「平成30年（2018年）住宅・土地統計調査」の結果によると、全国の空き家数は848万9000戸と前回調査の2013年と比べ29万3000戸（3.6％）増加しました。

また、総住宅数に占める空き家の割合（空き家率）は13.6％と前回調査から0.1ポイント上昇し、過去最高となっています。

このように親の自宅を相続したものの空き家になっているとき、利用を検討したいのが「空き家に係る譲渡所得の特別控除の特例」です。

この特例では、相続した空き家を売却した際、譲渡所得から最大3000万円まで控除されます。

●空き家を取り壊し、更地として譲渡する場合も対象

適用対象は「相続開始の直前まで被相続人が住んでいた居住用家屋とその敷地である土地等（借地権等を含む）」で、

相続の開始があった日から3年を経過する日の属する年の12月31日までに売却する必要があります。

　適用には下記の3つの要件を満たすことが必要です。

　なお、被相続人が要介護認定等を受け、かつ、相続の開始の直前まで老人ホーム等に入所していた場合などは対象となります。

①家屋が区分所有建築物でないこと

②1981年（昭和56年）5月31日以前に建築されたものであること（旧耐震基準）

③相続開始の直前まで同居人がいなかったこと（一人暮らしであったこと）

　適用対象となるのは、上記の要件を満たす住宅等を相続により取得した相続人です。さらに要件を満たす譲渡には、次の2つのパターンがあります。

①空き家の家屋を新耐震基準に適合するようリフォームして敷地とともに譲渡する場合

②空き家の家屋を除却し、敷地のみを譲渡する場合

ここが
ポイント！

相続時から譲渡時まで、一時的であっても有償無償を問わずに誰かに貸してしまったり、そこで商売を行ってしまったりするとNG！

73. 相続税を払うため、相続した不動産を売ったらどうなる？

相続発生から３年10カ月以内に、相続した土地、建物などを売却した場合には、相続税額の一部を譲渡所得の計算上、取得費の額にプラスできます。

●そもそも相続税と相続財産の売却に対する譲渡所得税とは別

相続税は、相続の発生から10カ月以内に一括納付することが原則です。しかし、相続財産の多くを不動産が占め、現金や預金など金融資産が少ないときは、相続した不動産を売却し、その代金で納税せざるを得なかったりします。

そうした場合、相続税を支払うのとは別に、不動産を売却した際の譲渡所得に所得税・住民税がかかることになります。

そこで、相続発生から３年10カ月以内に、相続した土地、建物などを売却した場合には、相続税額の一部を譲渡所得の計算上、取得費の額にプラスできる「相続財産に係る譲渡所得の課税の特例（取得費加算）」という制度があります。

この制度により、譲渡価格から差し引くことができる金額が多くなるので、譲渡所得が減るのです。

図表65　取得費に加算する相続税額の計算式

$$\text{取得費に加算する相続税額} = \text{譲渡した人の納付すべき相続税額} \times \frac{\text{譲渡資産の相続税の課税価格}}{\text{債務控除前のその人の相続税の課税価格}}$$

74. 不動産の評価で間違いやすいケースとはどんなもの？

個別性の高い不動産については、税理士によって評価が異なることが少なくありません。

●不動産は個別性が高く、さまざまな加算や減額も

相続財産に含まれる不動産の評価は、土地や建物など不動産ごとに行います。

また、土地の評価は地目ごとに行うのが基本です。

ところが、同じ地目であっても、別々に評価する場合があります。例えば、同じ地目の1区画の土地に、自宅とアパートが建っているケースです。

この場合、自宅の敷地となっている部分は自由に使うことができます。しかし、アパートは他人が住んでおり、「貸家建付地」となります。

こうした場合、自宅の敷地部分とアパートの敷地分を分けて、相続税の評価を計算する必要があります。

このほか間違いやすいケースを図表66にまとめています。

図表66　土地の評価で間違いやすいケースの例

（1）賃貸住宅の駐車場	アパートや賃貸マンションの敷地の一部を、貸駐車場として貸している場合がある。 この場合、入居者専用であれば、賃貸住宅の敷地と一体として「貸家建付地」として評価する。［Q30.90頁参照］ 入居者以外にも貸している場合は、「貸家建付地」とはならない。
（2）分筆のあった土地	土地の登記簿面積にはもともと「縄伸び」「縄縮み」などといって実際の面積と誤差があったりする。さらに分筆する際、切り離す土地だけ測量し、残地についてはもとの土地面積から差し引くと、実際の面積との誤差がより大きくなりかねない。
（3）不整形地	不整形地の評価［Q28.86頁参照］については４つの方法から選べる。 ４つの方法で実際に計算してみて、一番有利なものを使うことができる。 また、次のように誤っていることもある。 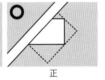 よくある誤り　　　　　　　　正
（4）複数の容積率にまたがる土地	土地の評価において用いられる「路線価」は基本的に、道路に面した土地の容積率を前提としている。 通常、大きな幹線道路に面した土地の容積率は高く、奥に入ると容積率が下がることがよくある。 １つの土地が複数の容積率にまたがる場合、容積率が下がる部分について調整が必要。
（5）私道が含まれる土地	私道は原則として自用地の３割で評価する。ただし、「不特定多数の者の通行の用に供されている」場合は０になる。
（6）セットバックが必要な土地	土地に建物を建てる際、前面道路の幅が４ｍないときは、道路の中心（中心線）から両側に２ｍずつ下がって建物を建てる（セットバック）。セットバックしていない土地は一定の調整（評価減）が必要となる。

75. 相続税を払い過ぎていたことが分かったらどうしたらいい？

申告期限から5年以内なら「更正の請求」という手続きで払い過ぎた分が戻ります。

●払い過ぎを取り戻す手続きが「更正の請求」

相続税は「申告納税制度」といって、相続税を納める相続人などが自分たちで相続財産の評価を行ったうえで相続税を計算し、申告することになっています。

相続財産が預貯金だけであればさほど難しくはありませんが、特に不動産の評価は難しく、誤りが生じることは珍しくありません。

しかし、税務署は納税額が少ないときは税務調査を行い追加徴収やペナルティを課してきますが、納税額が多過ぎても特に指摘や返還をしてくれるわけではありません。

そこで、相続財産の評価などを間違えて相続税を払い過ぎた場合、納税者としては相続税の申告期限（相続発生から10カ月以内）から5年以内であれば、「更正の請求」という手続きで、払い過ぎた相続税が戻ってくることがあります。

●払い過ぎが起こる原因で多いのは土地の評価ミス

それでは、どのような場合に相続税を納め過ぎているケースが多いのでしょうか。

よくいわれるのは、相続財産に土地が含まれており、その土地の評価を間違えるケースです。

土地の評価はとても複雑であり、土地の相続税評価に慣れていない人が行うと、評価減になる要素を理解していないため、本来より高めに評価してしまう可能性が出てきます。「不動産の評価で間違いやすいケース」［Q74.191頁参照］のほかにも、騒音や日照障害がある、墓地等と隣接している、敷地内にがけ地がある等、土地の評価が減額される要素はさまざまです。

図表67　土地の相続税評価において評価減になる可能性のあるケース

- 規模大（500㎡以上）
- 建築制限がある
- 線路の近くにある
- 道路に面していない
- 高低差がある
- 賃貸物件が建っている
- 不整形
- 高圧線が通っている
- 生産緑地
- 庭内神しがある
- 土壌汚染地
- 実際の価格よりも相続税の評価が高い

など

●相続税に不慣れな税理士が原因になることも

　土地の評価ミスは、実は相続税に不慣れな税理士が原因になることが少なくありません。

　多くの税理士は個人の確定申告や会社の会計業務などをメイン業務としています。相続税は突発的であり、また税理士の数に対して相続税の申告件数は圧倒的に少なく、相続税の申告を手掛けたことのない税理士も多くいます。

　そのため、相続税の申告の際に評価減となる要素を見落とし、相続税を納め過ぎてしまうケースも生じています。

76. 預貯金は被相続人名義のものしか調査されない?

税務署は「名義預金」については徹底的に調べてくるので、事前の準備が重要です。

●税務調査で「名義預金」が見つかれば追徴課税や延滞税が

相続税がかかるのは、亡くなった人（被相続人）が所有していたすべての財産であり、通常は被相続人の名義になっている不動産や預貯金、株式などが対象となります。

そして、被相続人が所有していた財産かどうかは、必ずしもその財産の名義によって判断されるわけではありません。

この点でよく問題になるのが「名義預金」です。[Q47.118頁参照]

相続税における税務調査では、被相続人名義の財産だけでなく、相続人の収入や資産を確認しつつ、相続人や被相続人の孫名義の預金も徹底的に調べられます。したがって、被相続人の財産を相続人や孫の名義にしておけば大丈夫だろうと思い込むのは禁物です。

もし、名義預金が見つかれば、相続税の追徴課税のほか、過少申告加算税、名義預金が仮装隠ぺい行為と認められたら重加算税、さらには延滞税などのペナルティが課せられます。[Q22.67頁参照]

相続は人生の
大きなターニングポイント。
相続税専門の事務所の
選び方

名古屋事務所代表
税理士
山本隆正
（やまもと・たかまさ）

インターネットで検索すると、数多くの「相続税専門」の税理士事務所
が出てきます。そのなかには会社や個人事業主の方の申告業務のほうが
実は強い、という事務所もあるかもしれず、どこの事務所に依頼をすれ
ばよいのか悩まれることがあると思います。

そのようなときは、"相談"実績ではなく"申告"実績、税務調査の対
応実績、書面添付制度を採用しているか、職員数に対する申告件数の割合
はどうか、などを判断目安にしていただければいいと思います。私たち
はホームページでこれらの情報を開示していますので、ご参考にしてく
ださい。

相続は人生の大きなターニングポイントであり、さまざまな悩みや考え
が生じてくることと思います。皆様のお話をお聞かせください。ともに
答えを見つけることが私たちの使命だと考え、少しでも皆様のお力添え
ができるよう、尽力させていただきます。

第7章

頼れる税理士の
見分け方

77. 相続税の申告手続きは、なぜ税理士に頼んだほうがいいのか？

相続税の申告は当事者が行うのが基本ですが、専門的な知識が必要なため、経験豊富な税理士を活用するほうが得策です。

●相続税の申告を自分で行うデメリットとは？

　相続財産の総額が相続税の基礎控除（3000万円＋600万円×法定相続人の数）を超える場合、基本的には相続税がかかります。

　そして、相続税は納税者が自分たちで税額を計算し、税務署へ申告し、納税するという「申告納税制度」を採用しています。

　そのため、相続税の申告を自分で行うことはもちろん可能です。その場合、数十万円以上かかる税理士報酬がかからないことがメリットとして挙げられる一方、次のようなデメリットもあります。

図表68　相続税の申告を自分で行うデメリット

①特例の適用を知らなかったり、また誤ったりして相続税を過大に申告してしまう
②相続財産の評価や申告書類の作成などに時間と手間がかかる
③申告内容に不備が生じ、税務調査を受ける確率が高くなる
④税務調査の結果、過少申告加算税などのペナルティが発生しやすい

　これらのデメリットは、税理士報酬がかからないメリット

よりも大きいと考えられています。

●相続税の申告で税理士が関与するのは80％超

　自分にはどのような特例が適用できるか確認し、相続財産を調べ、その評価を行い、相続税の申告の必要の有無を判断し、申告書の作成をするというのは、簡単なことではありません。

　そこで、相続税の申告が必要な可能性がある場合、税理士に頼むというのが一般的です。

　もともと税理士は戦後、「申告納税制度」を普及させるため創設された国家資格であり、「税務の代理」「税務書類の作成」「税務相談」を独占的に行うことができます。

　現在、相続税の申告について、税理士が関与する割合は8割を超えるとされます。一方、所得税において税理士が関与する割合は2割にとどまります。

　所得税に比べて、相続税の申告がいかに難しいかということの表れでしょう。

78. 税理士にもそれぞれ得意分野、不得意分野があるってどういうこと？

医師と同じように税理士にもそれぞれ専門分野があり、相続税については相続税に詳しい税理士に依頼すべきです。

●税理士の多くが専門とするのは法人税や消費税、所得税

相続税の申告を税理士に依頼する場合、とても重要なのが税理士の選び方です。

日本全国に税理士は約7万人いますが、その多くが手掛けているのは企業の法人税と消費税、そして個人の所得税です。

一方、個人の相続税、贈与税については年間の申告件数が法人税や消費税、所得税に比べて少なく、これまで一度も相続税の申告を経験したことがない税理士も数多くいます。一般的な税理士にとって相続税は特殊な分野といっていいでしょう。

医師の世界でも、内科、外科だけでなく、さらに細かく臓器別、疾患別に専門科が分かれています。それぞれ専門分野の知識のみならず、豊富な実務経験が求められるからです。

相続税の申告も同じで、「相続税専門」の税理士や税理士事務所に依頼することが重要です。

●相続税を専門とした税理士事務所もある

多くの税理士は特定の個人や法人を顧問先とし、毎年の所得税や法人税、消費税の申告を行っています。そのため所得税、法人税、消費税については定期的に取り扱い、経験を重

ねやすいといえます。

　一方、相続税については、特化している事務所でもなければ、顧問先で相続が発生し、なおかつ資産が一定額以上あったという場合に限って取り扱っている税理士が一般的です。

　税理士業務のなかでも特に相続税の申告業務は、その業務の特殊性と専門性ゆえ経験値が非常に重要となってきます。

　こうしたことから、相続税については顧問先から相談があっても、相続税に詳しいほかの税理士を紹介するケースもあります。医者に例えると、かかりつけ医である診療所と専門病院との関係でしょう。

　私たち税理士法人チェスターは開業以来、相続税専門の税理士事務所として活動しています。

　事務所全体の相続税申告の累計取り扱い件数は7000件以上、年間取り扱い件数は1500件超あり、登録税理士一人あたりの年間担当件数も約35件と、税理士業界のなかではいずれもトップクラスです。

　相続税の申告における土地の評価についても、これまで1万カ所を超える経験を有しています。

79. 相続税に詳しい税理士の見分け方のポイントとは？

相続税の申告取り扱い件数や料金体系の分かりやすさ、
「書面添付制度」の導入などを確認してみてください。

●申告完了までの期間とスピードも重要

相続税に詳しい税理士、税理士事務所の見分け方のポイントです。

（1）相続税の申告取扱い件数

相続税の申告にはさまざまなポイントがあり、経験値が重要です。したがって、これまでの相続税の申告取り扱い件数は重要な目安となります。

（2）透明で適切な料金体系

相続税の申告にあたって、税理士報酬がいくらくらいになるかは依頼者が最も気になる点でしょう。安ければいいというわけにはいきませんが、依頼した後、どんどん追加で費用が発生するようでも困ります。

私たちの事務所では、相続税申告の作成費用（税理士報酬）を25万円から遺産額別に分かりやすく明確な料金を提示し、また、なぜその金額になるのかを丁寧に説明しています。

（3）申告完了までの期間とスピード

　相続税の申告期限は相続が発生してから10カ月という短期間です。そのため、申告完了までの期間とスピードが重要になりますが、なかには相続税の申告期限ぎりぎりまで申告作業を行わない会計事務所もあるようです。

　私たちの事務所では、スピード申告・期限管理を重要視しており、初回面談時におおよその納期を知らせるとともに、最短納期を1カ月からとしています。

　相続税申告のための作業を早く終えることで、余裕をもった遺産分割協議の話し合いや、相続税の納税資金の準備を行うことができ、その後、相続手続きを円滑に進めることが可能となります。

　そのためオリジナルの工程表や申告作業進捗チェックリストを用いて、申告作業が遅延することがないよう徹底した期限管理を行っています。

（4）土地評価における現地調査の有無

　相続税の計算では、相続財産に含まれる土地の評価が非常に重要です。評価額によって相続税の税額が大きく変わってきます。

　しかし、なかには現地の確認など行わず、登記簿や固定資産税通知書などの書類だけで評価するところもあるようです。また、不整形地などの評価において、公図や測量図に直接三角スケールを使用して手書きで画地補正を行っているケースもあるようですが、それでは不正確になりがちです。

私たちの事務所では原則として現地調査を行い、減額要因の有無を確認しています。また、現地調査や補正にあたって、最新鋭の機器やソフトウェアを使用することでより正確で効率的な評価が可能になります。

（5）内部におけるチェック体制

　相続税の申告は、100人の税理士がいれば100通りの税額が出るといわれるほど難易度が高い税目です。

　一人の税理士だけで行うと、特例の適用誤りや評価ミス等が発生することもあります。そのため、相続税に慣れた複数の税理士によるダブルチェックを行うことが有効です。

　私たちの事務所では、申告書類の作成に際し147項目に及ぶオリジナルの業務チェックリストを用意し、しかも必ず2人以上の税理士が目を通すようにしています。

　また、複雑な事案や税務署との見解の相違が生じる可能性がある事項についても、所内で対処・検討したうえで対応しています。

（6）「書面添付制度」の導入により税務調査率1％以下

「書面添付制度」とは、税理士法第33条の2に規定されている制度であり、この制度を利用する税理士は、申告書に"その内容が正しいということを税務署へ説明する書類"を添付し申告を行います。

　通常、税務調査は申告内容の不明点や疑問点、申告漏れ財産が存在する可能性等を総合的に勘案して、調査を行うかど

うかを決めます。

　その点、「書面添付制度」では、申告時に事前に税務調査でチェックされそうな事項について税理士が税務署に対して説明を行います。これにより、この申告書はきちんとした税理士が適正に作成したものであり、不明点等も解決されているので、税務調査は行わないでおこうとなる可能性が高まるのです。

　しかし、書面添付制度は、その資料の作成に事務的な負担がかかったり、また、適正でない申告書を提出した場合にはその税理士まで責任が問われてしまう恐れもあります。

　そのため、この制度を相続税申告で導入し申告を行っている税理士事務所は20.1％にとどまっています（平成30年事務年度国税庁実績評価書より）。

　また、相続税の申告業務の品質レベルを判断する目安が、税務調査率です。全体の相続税申告件数のうち、後に税務署による税務調査が入った件数の割合のことで、全国平均では10％程度といわれています。

　私たちの事務所では書面添付制度を取り入れ、相続税税務調査率は0.5％を実現しています。

80. 土地の評価に強い税理士はなぜ相続税の申告で頼りになるのか？

土地の評価をいかに適切に行うかで、相続税の負担などが大きく変わってきます。

●土地の評価に強い税理士に依頼するメリット

相続税の申告のなかでも専門性がより発揮されるのが土地の評価です。土地の評価についてはさまざまな特例や評価減のポイントがあり、税理士が評価しても、大きく評価額が異なることがあります。

土地の評価に強い税理士に相続税の申告を依頼することは、相続税の税額を適切に抑えることや申告後の税務調査を避けることにつながります。

例えば、以下のような事情がある土地の評価は、減額が行われやすいといえます。

図表69　土地の評価が減額されやすいケース

面積が広い（特に500㎡以上など）
青空駐車場であったり、シャッターガレージが建っている
空地や田畑であったり、住宅・アパート・店舗の敷地になっている
近くに崖や他の建物があって、日があまり当たらない
空中に高圧線が通っている
線路沿いなどで騒音がしたり、工場等などの悪臭がする
土地に高低差があったり、土地の形がいびつである
私道にしか面していなかったり、法律上の道路に面していない
土地の一部が私道や通路になっている
土壌が汚染されている

建物を建て替える際にセットバックが必要

同一の敷地内で容積率が異なる

●土地の評価に強い税理士の実際の対応例

　土地の評価に強い税理士は、次のような対応を行います。
税理士を選ぶ際にぜひ、確認してみてください。

図表70　土地の評価に強い税理士が行う対応例

（1）机上評価	まず登記簿謄本、公図、測量図、住宅地図、路線価図をもとに机上で評価を行う。こうした資料をもとに、土地の形状、概算の相続税評価額、付近の不動産相場や、周辺環境を確認し、把握する。また、市区町村のホームページで容積率等の確認も行う。さらに、インターネットで、周辺の様子を観察したりする。
（2）役所調査	机上評価を受けて、役所に赴き、調査を行う。そして主に、容積率、建築制限、セットバックの確認や、境界、道路付けなどを確認する。建築計画概要書や道路台帳などの資料を請求することもある。
（3）現地調査	図面と比較し、間口や奥行きの実測を行う。図面上での距離と実測が異なることはよくあり、そのような場合には現況の実測で評価しなければならない。 また、周辺環境、土地の形状や状況により減額できる要因がないかどうかの確認を行うことも重要。 道路付けが悪かったり、土地が平地でなかったり、周囲に不動産価値を下落させるような施設（騒音のする工場、墓地等）があったり、高圧線が上空を通っていたりなど、一般的に不動産の価値を下落させる要因がある場合には、相続税評価においても考慮できる可能性が高くなる。
（4）最終評価	上記の結果を受けて、最終評価を行う。場合によっては不動産鑑定士の時価鑑定を行うこともある。

索引

税理士法人チェスター

2008年6月2日設立。相続税申告を専門に取り扱う税理士法人で、職員総数214名、全国に7拠点展開（三越前、新宿、横浜、大宮、名古屋、大阪、福岡）。年間1500件（累計7000件以上）を超える相続税申告実績は税理士業界でもトップクラスを誇り、中小企業オーナー、医師、地主、会社役員、資産家の顧客層を中心に、低価格で質の高い相続税申告サービスやオーダーメイドの生前対策提案、事業承継コンサルティング等を行っている。『ど素人ができる相続＆贈与の申告』(翔泳社)、『税務署もうなずく 相続税の税務調査対応テクニック』(中央経済社)、『「華麗なる一族」から学ぶ相続の基礎知識』(亜紀書房)など著書多数。

代表社員：福留正明（税理士・公認会計士・行政書士）
　　　　　荒巻善宏（税理士・公認会計士・行政書士）
新宿事務所代表　田代周平（税理士）
横浜事務所代表　清水真枝（税理士）
大宮事務所代表　大槻智也
（税理士・CFP®1級ファイナンシャル・プランニング技能士・相続診断士）
名古屋事務所代表　山本隆正（税理士）
大阪事務所代表　伊原慶（税理士）
福岡事務所代表　松島侑希（税理士）
審査部　河合厚（税理士）

本書についての
ご意見・ご感想はコチラ

知らないと損、分かれば安心

相 続 税 の 申 告
8 0 の ギ モ ン

2021年3月19日　第1刷発行

著　者　　　税理士法人チェスター
発行人　　　久保田貴幸

発行元　　　株式会社 幻冬舎メディアコンサルティング
　　　　　　〒151-0051　東京都渋谷区千駄ヶ谷4-9-7
　　　　　　電話　03-5411-6440（編集）

発売元　　　株式会社 幻冬舎
　　　　　　〒151-0051　東京都渋谷区千駄ヶ谷4-9-7
　　　　　　電話　03-5411-6222（営業）

印刷・製本　瞬報社写真印刷株式会社
装　丁　　　三浦文我